上海法院司法体制改革系列丛书

12368
诉讼服务平台建设的上海样本

主　编

崔亚东

副主编

盛勇强　郭伟清　张　新　罗健豪

法律出版社

习近平总书记指示：

司法体制改革在全面深化改革、全面依法治国中居于重要地位，对推进国家治理体系和治理能力现代化意义重大。党的十八大以来，政法战线坚持正确改革方向，敢于啃硬骨头、涉险滩、闯难关，做成了想了很多年、讲了很多年但没有做成的改革，司法公信力不断提升，对维护社会公平正义发挥了重要作用。全国政法机关要按照党中央要求，坚定不移推进司法体制改革，坚定不移走中国特色社会主义法治道路。要遵循司法规律，把深化司法体制改革和现代科技应用结合起来，不断完善和发展中国特色社会主义司法制度。要全面落实司法责任制，深入推进以审判为中心的刑事诉讼制度改革，开展综合配套改革试点，提升改革整体效能。要统筹推进公安改革、国家安全机关改革、司法行政改革，提高维护社会大局稳定、促进社会公平正义、保障人民安居乐业的能力。各级党委要加强领导，研究解决重大问题，为推进司法体制改革提供有力保障。

2017年7月9日对全国司法体制改革推进会作出的重要指示

——《人民日报》（2017年7月11日第1版）

序

立改革开放前沿阵地　书司法改革恢宏篇章

孟建柱

当前，我国正处于一个改革创新的时代，也是一个创造奇迹的时代，正经历着中华民族历史上广泛而深刻的社会变革，正进行着世界历史上独特而壮观的实践创新。在以习近平同志为核心的党中央坚强领导下，全国政法机关怀着无比执著的热情投身改革实践，坚持以变应变、以新应新，主动创新理念思路、体制机制、方法手段，谱写了一曲曲雄壮的改革乐章，使中国特色社会主义政法事业充满生机活力。

司法体制改革作为全面深化改革、全面依法治国的重要组成部分，是波澜壮阔的变革大潮中一道亮丽的风景线。党的十八大以来，全国政法机关认真贯彻落实习近平总书记系列重要讲话精神和党中央治国理政新理念、新思想、新战略，坚定不移走中国特色社会主义法治道路，坚持不懈全面深化司法体制改革，战胜了一个又一个挑战，破解了一道又一道难题，走过了不平凡的历程，取得了来之不易的成效。回望五年改革进程，从顶层设计到基层试点，从司法责任制改革到综合配套改革，从加强人权司法保障到推出便民利民举措，司法体制改革一步一个脚印向前推进，朝着公正高效权威的社会主义司法制度的目标不断迈进。习近平总书记对司法体制改革给予充分肯定，明确指出政法战线坚持正确改革方向，敢于啃硬骨头、涉险滩、闯难关，做成了想了很多年、讲了很多年但没有做成的改革，司法公信力不断提升，对维护社会公平正义发挥了重要作用。

勇于探索、大胆创新、敢于超越的精神，是大变革时代最具特色、最为宝贵的品格。近年来，上海勇当改革开放排头兵、敢为创新发展先行者，在自由贸易试验区试点、科技创新中心建设、社会治理创新等领域取得重大进展，社会主义现代化国际大都市建设迈上新台阶。司法体制改革方面，上海市政法机关主动承担起先行先试、破冰探路的重任，率先在全国开展司法责任制改革和司法体制综合配套改革试点，攻坚克难、砥砺奋进，走出了一条具有上海特色的司法体制改革之路。其中，上海法院解放思想、敢闯敢试，善于把中央精神和上海实际有机结合起来，创造了一批可复制、可推广的经验。上海法院的司法体制改革具有以下突出特点：一是始终坚持正确的政治方向，把党对司法工作的领导贯穿于改革方案设计和改革措施落实各方面，不走邪路，也不走回头路。二是始终坚持以人民为中心的发展思想，把群众利益放在心上，把百姓福祉抓在手上，着力解决立案难、诉讼难、执行难等顽疾，让人民群众成为改革的最大受益者。三是始终坚持敢于担当、敢于碰硬，以自我革命之精神，守正出新之定力、担难不怯之作为，在荆棘丛生的改革路上勇往直前，改手中之权、动部门之利、去制度之弊，确保实现预期目标。四是始终坚持体制机制改革和现代科技运用深度融合，积极运用大数据、人工智能等现代科技破解司法工作难题，努力让司法变得更智能、更精准、更高效。特别是在时间紧、任务重、要求高的情况下，积极推进以审判为中心的刑事诉讼制度改革，把基本证据标准指引转化为数据模型，嵌入智能办案辅助系统，开启了人工智能在司法领域深度应用的先河，蹚出了刑事司法文明发展的新路子。五是始终坚持做实做细思想政治工作，深入扎实开展谈心谈话、释疑解惑、教育培训，激发深化改革的内生动力，点燃干事创业的澎湃激情，推动改革平稳有序推进。实践证明，上海法院的改革探索是成功的，效果是明显的。全市法院法官人均结案数从 2013 年的 131 件提高到 2016 年的 228 件，名列全国第一。审判质量和效率稳步提升，2016 年结案率 91.3%，一审服判息诉率 92.4%，二审服判息诉率 98.9%。根据中国政法大学《司法文明指数报告》，2014 年至 2016 年，上海司法文明指数连续三年位居各省区市首位。

毛泽东同志曾指出，我是靠总结经验吃饭的。在探索实践中前进，在总结反思中提高，是我们党的优良传统。为总结好上海法院的改革经验，上海市高级人民法院组织编撰了《上海法院司法体制改革系列丛书》，规划 10 册。这套丛书，既突出了司法责任制改革、以审判为中心的刑事诉讼制度改革、跨行政区划法院、知识产权法院等重大改革，又涵盖了深化司法公开、完善多元化纠纷解决机制、加强诉讼服务中心建设、推进法院信息化建设等配套改革，全方位、全景式展现了上海法院司法体制改革的火热场景和生动实践。总体看，这套丛书具有三个鲜明特色：一是理论性强。立足全面依法治国的伟大实践，对司法体制改革的理论和实际问题作了深度的理性思考，提炼出了有学理性的新观点，概括出了有规律性的新认识，丰富和发展了中国特色社会主义司法理论。二是创新性强。着眼于破解司法工作面临的新问题、新挑战，提出了一系列符合时代潮流、遵循司法规律的新理念、新举措、新办法，为推动司法体制改革不断向纵深发展提供了有益借鉴和参考。三是可操作性强。善于发现、挖掘基层的好经验、好做法，总结出了一批经过实践检验的硬招实招，有利于让微创新、小革新释放大能量，让一地经验变成各地共同财富。

惟其艰难，方显勇毅；惟其笃行，才足珍贵。司法体制改革是司法领域一场深刻的自我革命，必须矢志不渝地坚持一张蓝图干到底。希望上海法院进一步强化改革创新思维、挖掘改革创新潜能、提高改革创新能力，不动摇、不退却、不懈怠，继续当好全面深化法院改革的排头兵，审判事业创新发展的先行者，作出无愧于时代、无愧于人民、无愧于历史的新业绩，为创造更高水平的社会主义司法文明贡献智慧和力量！

应丛书编委会之邀，特作此序，与同志们共勉！

孟建柱

2017 年 10 月 13 日

上海法院精神

忠诚廉洁

崇法尚德

公正为民

创新奋进

前 言

2017 年 7 月 9 日，习近平总书记作出重要指示 ：“司法体制改革在全面深化改革、全面依法治国中居于重要地位，对推进国家治理体系和治理能力现代化意义重大。党的十八大以来，政法战线坚持正确改革方向，敢于啃硬骨头、涉险滩、闯难关，做成了想了很多年、讲了很多年但没有做成的改革，司法公信力不断提升，对维护社会公平正义发挥了重要作用。”

党的十八大以及十八届三中、四中全会对全面推进司法体制改革作出了重大部署。2014 年 6 月 6 日，中央全面深化改革领导小组第三次会议审议通过了《关于司法体制改革的框架意见》和《上海市司法改革试点工作方案》，上海被确定为全国首批司法体制改革试点地区，上海市高级人民法院（以下简称上海高院）被确定为全国首批司法体制改革试点单位之一[1]，新一轮司法体制改革首先在上海启动。这次司法体制改革涉及司法领域体制性、机制性、保障性问题，要啃的硬骨头、要涉的险滩很多，没有先例可循、没有经验

1　2013 年 10 月 15 日，最高人民法院确定上海市第二中级人民法院为全国首批审判权力运行机制改革试点法院，并于 2014 年 2 月 18 日批复同意正式启动试点。

可借鉴。上海高院作为先行试点法院，担负着为全国司法体制改革破冰探路的重任，我们深感责任重大、使命光荣、任务艰巨。

四年来，我们在市委及市委政法委的领导下，在最高人民法院的指导下，在市人大的监督下，在市政府、市政协、市相关部门以及社会各界的支持下，坚决贯彻中央、市委、最高人民法院关于司法体制改革的决策部署，以“加快建设公正高效权威的社会主义司法制度，维护人民权益，实现让人民群众在每一个司法案件中感受到公平正义”为总目标，牢牢把握改革的正确方向，坚持党的领导、坚持司法规律、坚持问题导向、坚持实事求是，以改革的思维推进工作，以改革的方法破解难题，按照先易后难、试点先行、于法有据、协同推进的工作思路，有计划、有重点、有步骤、有秩序地推动改革。我们以中央确定的上海司法体制改革试点五项任务为重点，结合最高人民法院《人民法院四五改革纲要》确定的改革任务和上海经济社会发展的实际需要，先后推出了 146 项改革措施，较好地完成了改革任务，一些改革取得了历史性的突破，具有里程碑意义。正如习近平总书记指出的那样，“做成了想了很多年、讲了很多年但没有做成的改革”。四年来，我们以司法责任制为基石，推进完善审判权力运行机制改革，“让审理者裁判、由裁判者负责”真正得到落实；紧紧抓住人员分类管理改革这个“牛鼻子”，稳步推进员额制改革，符合职业特点的司法人员分类管理制度基本建成；建立了全国首家跨行政区划法院——上海市第三中级人民法院，推进行政案件集中管辖改革；建立了全国首批知识产权法院——上海知识产权法院，发挥司法保护知识产权的主导作用；

以解决人民群众反映强烈的“立案难”“执行难”“诉讼难”等突出问题为重点，在全国率先推进立案登记制改革，着力解决“立案难”问题，切实保障了当事人的诉权；以敢于担当的勇气在全国率先推进执行体制机制改革，下力气破解“执行难”顽症，努力将上海打造成为全国执行环境最好、执行效率最高的地区之一；建立数字化、智能化诉讼服务中心、上海法院12368诉讼服务智能平台、上海法院律师服务平台等具有上海法院特色的诉讼服务平台，努力破解人民群众“问累”“跑累”“诉累”等诉讼难题；以建设“阳光司法、透明法院”为载体，积极构建开放、动态、透明、便民的阳光司法机制，建立了具有上海特色的十二大司法公开平台，充分保障人民群众的知情权、参与权、表达权和监督权，让正义以看得见的方式实现，使人民群众有更多改革的获得感；率先在全国推进以审判为中心的诉讼制度改革，有效防范冤假错案；建立了全国首家司法智库，为人民法院的改革和发展提供智力支持；将深化司法体制改革与现代科技紧密结合，破解改革中的难题，完成了中央交办的“推进以审判为中心的诉讼制度改革软件”研发任务，对推进以审判为中心的刑事诉讼制度改革，减少司法任意性，防范冤假错案的产生，具有重大意义；紧紧抓住制度建设这个根本，先后制定了司法体制改革配套制度80余项（很多内容被中央、市委、最高人民法院的方案所吸收），为改革提供了制度遵循。上海法院先行先试，攻克了一个又一个难关，完成了一项又一项改革任务，为全国法院司法体制改革提供了可复制可推广的经验，贡献了“上海司法智慧”。最高人民法院总结了“上海经验”在全国推广。

司法体制改革的成效最终要体现到审判质效的提升上。在执法办案任务日益繁重、人员没有增长的情况下，上海法院干警克服案多人少的困难，奋力拼搏，促进了审判质效和队伍建设的双提升，司法体制改革起到了决定性作用。2014 年以来，全市法院共受理各类案件 292.51 万件，审结 286.86 万件，年均增长率分别为 13.73% 和 14.35%。面对案件大幅上升，全市法院司法质效稳步提升，始终居于全国前列。《中国司法文明指数报告》显示，2014 年、2015 年、2016 年上海的司法文明指数连续三年位列全国之首。队伍中涌现出以被习近平总书记称赞为"新时期公正为民的好法官、敢于担当的好干部"的邹碧华同志为代表的一大批优秀法官。

中共中央政治局委员、中央政法委书记孟建柱同志多次对上海及上海法院司法体制改革给予充分肯定和高度评价。他指出："近三年来，上海司法责任制改革的试点是成功的，成效是明显的。""上海作为第一个'吃螃蟹'的，在荆棘丛生的改革路上找到突破口，应为他们的创新鼓掌喝彩。"

中共中央政治局委员、上海市委书记韩正同志高度评价上海法院司法体制改革："上海法院承担全国先行先试改革任务，在司法体制改革方面取得了显著成效。"

最高人民法院院长周强同志多次肯定上海法院司法体制改革，他指出："上海法院在司法改革、创新发展等方面做得都很好，各项工作取得了新成就，许多工作走在全国前列，也为全国法院作出贡献。"

为了深化司法改革研究、总结司法改革经验、更好地促进司法改革，上海高院组织上海三级法院中的优秀法官编撰了《上海法院司法体制改革系列丛书》。系列丛书规划10册，涉及上海法院在司法责任制改革、人员分类管理制度改革、推进以审判为中心的诉讼制度改革、“阳光司法，透明法院”建设、诉讼服务改革、知识产权法院改革、跨行政区划法院改革、多元化纠纷解决机制改革、自贸区审判体制机制改革以及司法改革与现代科技相结合等领域的探索与实践。可以说，这套系列丛书是对四年来上海法院司法体制改革的一次全面总结与梳理，展示了上海法院司法体制改革的全貌和改革攻坚的艰辛探索之路，凝聚了上海法院全体干警的心血和智慧。但是改革永无止境，任重道远，希望以此为进一步深化司法体制改革提供遵循、借鉴。

上海市高级人民法院党组书记、院长 崔亚东

2017年10月25日

2017 年 2 月 6 日

中央政治局委员、中央政法委书记孟建柱到上海高院调研，指出："上海法院 12368 诉讼服务平台建设得很好，管理规范，方便了人民群众诉讼，得到了社会广泛认同。"

2018 年 4 月 9 日

中央政治局委员、上海市委书记李强到上海高院调研，指出："上海法院 12368 诉讼服务平台、律师服务平台和诉讼服务中心都富有上海法院特色。平台很好，解答了很多当事人的问题，给群众很大便利。"

2014 年 4 月 17 日

最高人民法院周强院长到上海高院调研，指出："上海法院 12368 诉讼服务平台是一项运用现代信息技术实现司法便民利民的成功举措，要认真总结经验，不断加以完善，适时予以推广。希望长期坚持，越做越好，与司法体制改革各项要求相结合，为全国法院司法为民便民工作积累经验。"

阳光司法
真情服务

司法
服务

2016 年 5 月 5 日

中国—中东欧国家最高法院院长会议代表一行到上海高院访问交流，参观了上海法院 12368 诉讼服务平台，认为："上海法院运用先进信息技术，完善诉讼服务功能，既服务了法官又方便了公众，拉近了法院与公众的距离，增进了司法的透明度和公信力，提升了上海这座现代化城市的法治水平。相关经验做法对中东欧国家法院具有借鉴作用。"

2017 年 5 月 17 日

上海高院运用语音识别、自然语言理解和语音合成等科技发展前沿技术，将人工智能植入"12368"，于 2017 年 5 月 17 日开通"上海法院 12368 诉讼服务智能平台"，上海法院诉讼服务实现了从"互联网 +"到"人工智能 +"的飞跃。

阳光司法

上海法院12368诉讼服务智能平台开通仪式
上海市高级人民法院
2017年5月17日
孙 婧
段守亮
翟国强
夏云峰

2014 年 1 月～ 2017 年 12 月

上海法院 12368 诉讼服务平台提供各类诉讼服务 562.42 万次，年均 140.61 万次。其中，人工服务 97.86 万件，年均 24.47 万次；智能服务 464.56 万次，年均 116.14 万次。

各项人工服务中，人民群众选择使用最多的依次是案件查询、联系法官、网上立案、诉讼咨询四类诉讼服务，合计占比高达 93.55%。

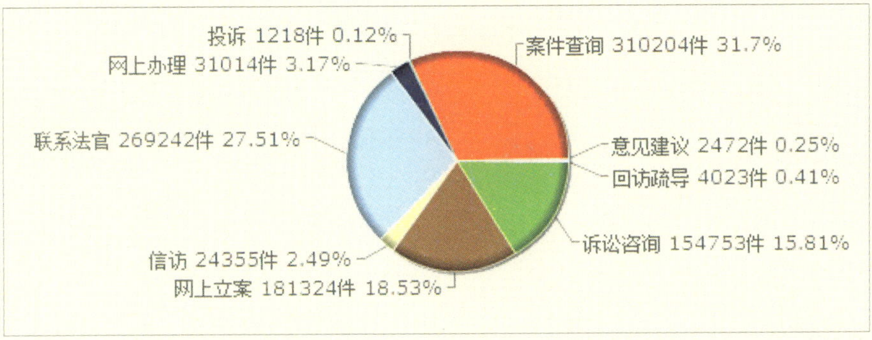

人工服务功能占比（2014 年 1 月 2 日到 2017 年 12 月 31 日）共 978605 件

上海法院 12368 诉讼服务总平台和分平台

目 录

上 篇

上海法院 12368 平台：能听得见的热情服务
能感受到的公平正义

下 篇

他山之石：中外法院诉讼服务比较研究

上　篇

上海法院 12368 平台：能听得见的热情服务
能感受到的公平正义

习近平总书记指示：

我们提出要努力让人民群众在每一个司法案件中都感受到公平正义，所有司法机关都要紧紧围绕这个目标来改进工作，重点解决影响司法公正和制约司法能力的深层次问题。要坚持司法为民，改进司法工作作风，通过热情服务，切实解决好老百姓打官司难问题，特别是要加大对困难群众维护合法权益的法律援助。司法工作者要密切联系群众，规范司法行为，加大司法公开力度，回应人民群众对司法公正公开的关注和期待。

——2013 年 2 月 23 日在中共中央政治局第四次集体学习时讲话[1]

---

1 本书引用的习近平总书记等领导的重要指示、讲话及相关理论阐述，主要参见《人民日报》《光明日报》《解放日报》《求是》等党报、党刊以及人民网、新华网、中国共产党新闻网等中央国家机关和地方国家机关的互联网站（如“学习路上——习近平总书记系列重要讲话大型网络数据库”“学习进行时”等）。主要参考书籍包括：习近平：《之江新语》，浙江出版联合集团、浙江人民出版社 2007 年版；习近平：《习近平谈治国理政》，外文出版社 2014 年版；习近平：《习近平谈治国理政》（第二卷），外文出版社 2017 年版；陈锡喜主编：《平易近人——习近平的语言力量》，上海交通大学出版社 2014 年版；等等。

第一章

上海法院 12368 诉讼服务平台

——司法体制改革的全新探索

一、上海法院 12368 诉讼服务平台概述

（一）12368 热线——什么是 12368

1. 12368 短号——法院专用公益电话

“12368”短号是工信部分配给全国法院系统的司法信息公益服务专用电话号码。与其他公益服务短号一样，群众拨打“12368”热线电话，各项诉讼服务均免费，法院不收取任何服务费用。

2. 功能单一，方式简单

“12368”热线电话短号分配给法院系统，最初全国只有少数法院使用，且功能单一，仅有热线自助查询功能。例如：

2009 年 1 月 7 日，北京法院“12368”司法服务热线投入使用，

123 开头的五位数政府公益类服务热线

12300	电信用户申诉受理热线	12322	防震减灾公益服务热线	12355	青少年维权与咨询热线
12301	旅游服务投诉热线	12323	海洋行政执法举报热线	12358	物价举报投诉热线
12305	邮政快递服务投诉热线	12328	交通运输服务监督热线	12361	儿童少年慈善募捐热线
12306	铁路客服热线	12329	住房公积金服务热线	12365	技监与质量投诉热线
12308	奥运观众呼叫服务热线	12330	知识产权举报投诉热线	12366	纳税服务热线
12309	检察院举报服务热线	12331	食品药品投诉举报热线	**12368**	**法院诉讼服务热线**
12310	机构编制违纪举报热线	12333	人力资源和社保热线	12369	环保举报热线
12312	商务投诉举报热线	12335	商务部企业服务热线	12371	党员咨询服务热线
12315	消费者申诉举报热线	12336	国土资源违法举报热线	12380	组织系统专用举报热线
12316	三农信息服务热线	12338	妇女儿童维权服务热线	12388	纪检监察举报热线
12318	文化市场投诉举报热线	12339	间谍举报热线	12395	水上遇险救援热线
12319	建设事业公益服务热线	12345	市长（市民服务）热线	12396	农牧业服务热线
12320	公共卫生环境投诉热线	12348	法律援助服务热线	12398	电力监管投诉举报热线
12321	网络不良信息举报热线	12351	工会职工维权热线	……	

▶ 据了解，在政务类公益服务热线中，以 123 开头的五位数电话号码，全国已经有四十多个，如 12345 市民热线电话、12315 消保热线

上海法院开通“12368”短信平台

《光明日报》（2012年11月4日 07 版）

本报上海11月3日电（记者颜维琦、曹继军）上海法院日前开通“12368”短信平台，诉讼参与人立案时、具答辩状时、开庭后填写格式合意书后，可通过手机接收出庭通知书、送达回证、受理通知书、领取裁判文书通知书、告知审判庭组成人员通知书、转换程序通知书等。同时，诉讼参与人也可以方便地对收到的信息进行回复，案件承办法官可通过系统查看当事人回复的短信。这是对新《民事诉讼法》中送达方式的一次实践尝试，也是践行司法为民宗旨，推进审判工作信息化建设的一个创新举措。

据悉，上海法院系统研发“12368”短信平台后，今年5月在杨浦、闵行、浦东等法院试点运行。截至目前，几家试点法院共通过该平台向23746个诉讼参与人发送短信58930条，收到诉讼参与人回复短信28682条。短信平台送达公信力高、操作简便、成本低、效率高、安全性高的优点，获得了很多承办法官和当事人的一致好评。

▶ 2012 年 5 月，上海法院增加了短信服务功能，向诉讼参加人的手机发送有关诉讼方面的通知短信等

主要提供静态信息查询服务功能，包括北京市各级法院的地址路线及诉讼程序知识的自助查询服务等。[1]

3. 知晓度较低，使用率不高

初建时期，由于功能单一、宣传不够等原因，人民群众对法院 12368 热线知之甚少，使用率不高，服务成效不明显。仅从上海来看，2012 年 5 月至 2013 年 12 月，上海法院“12368”热线发送涉案短信通知 2.6 万余条，月均 1300 余条。而同期，上海法院收案 81.5

1 参见公磊、李京华：《12368：全国首个司法信息公益服务系统在京开通》，载 http://www.gov.cn/jrzg/2009-01/07/content_1198740.htm，2017 年 10 月 10 日最后访问；此外，还可参见百度百科“12368”词条（http://baike.baidu.com）。据人民网报道，2014 年 12 月，北京法院正式开通了 12368 人工语音诉讼服务平台。经检索，未能找到北京法院“12368”热线 2009 ～ 2013 年诉讼服务数量和质量的相关统计数据，载 http://legal.people.com.cn，2017 年 10 月 10 日最后访问。

万件，结案 80.7 万件，月均收结案 4 万多件，月均新增 20 多万当事人及其代理人。相对于当时的案件数量和诉讼参与人数而言，12368 热线使用面窄、量少，诉讼服务成效不明显。

（二）上海法院 12368 诉讼服务平台

1. 上海法院 12368 诉讼服务平台——全国法院第一个综合性诉讼服务平台

2013 年 8 月，为了解决人民群众反映突出的“联系法官难”“案件查询难”“诉讼咨询难”等问题，上海高院党组决定运用高科技手段，将原“12368 热线电话”改造升级为集多种功能为一体的

▶ 2014 年 1 月 2 日，上海法院 12368 诉讼服务平台正式运行。时任上海市委常委、市委政法委书记姜平，市人大常委会副主任薛潮，市政协副主席周太彤，高院党组书记、代院长崔亚东，市委第三督导组组长孙卫国等领导出席开通仪式

综合性诉讼服务平台，为人民群众提供综合性、系统性、一站式诉讼服务——**全国法院第一个综合性诉讼服务平台应运而生**。该平台于 2013 年 8 月开始筹建，12 月试运行；2014 年 1 月 2 日正式开通。

2. 上海法院 12368 诉讼服务平台——全国法院第一个“互联网 + 诉讼服务”平台

上海高院运用现代科技手段，实施**“互联网 + 诉讼服务”**行动，将原来单一的“12368 热线电话”改造升级为集热线、网络、短信、微信、APP 等为一体的，具有联系法官、案件查询、诉讼咨询、网上立案、意见建议、投诉举报等 18 项功能的综合性诉讼服务平台，在全国法院第一个实现了**“互联网 + 诉讼服务”**。

3. 上海法院 12368 诉讼服务平台——法院的“110”

为使上海法院 12368 诉讼服务平台（以下简称上海法院 12368 平台）运行更加高效，群众使用更加方便，上海高院不断改进工作，建立**“三级联动、一号对外”**工作机制，提高服务质量和服务效率。

三级联动：上海高院设 12368 总平台，各中级法院、专业法院和基层法院设分平台，人工服务和自助服务结合，全天 24 小时提供服务。

一号对外：取消各法院原设置的热线电话共 70 多条，全市三级法院一律统一使用“12368”短号，一号对外，方便群众。

当事人只要拨打上海法院 12368 热线电话或登录上海法院 12368 平台，就可以办理除开庭审理之外的所有诉讼事务和非诉讼事务，

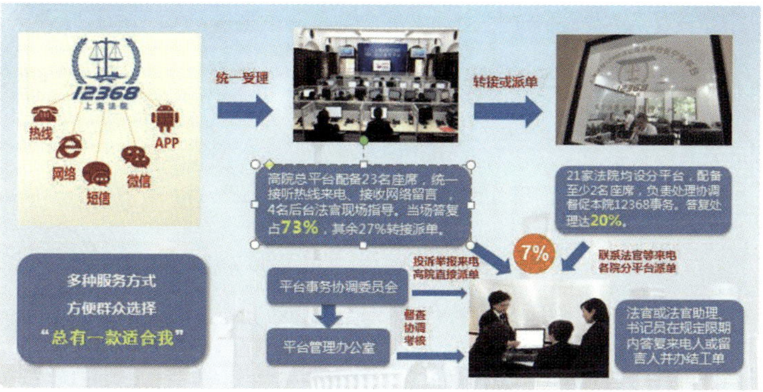

▶ 上海法院 12368 平台服务流程图

上海法院 12368 平台被人民群众誉为**法院的“110”**。

（三）上海法院 12368 诉讼服务智能平台

1. 全国第一个 12368 诉讼服务智能平台开通

上海高院紧跟时代步伐，实施“人工智能 + 诉讼服务”行

▶ 上海法院 12368 诉讼服务智能平台开通仪式

动，运用科技发展前沿技术，将人工智能植入“12368”平台，于 2017 年 5 月 17 日开通了**全国第一个“12368 诉讼服务智能平台”**。

2. 实现从“互联网 +”到“人工智能 +”的飞跃

上海法院 12368 诉讼服务智能平台主要运用了语音识别、自然语言理解、语音合成和图像识别、深度学习等最前沿的人工智能新技术。在技术实现路径上，首先，智能平台运用语音识别技术将来电人的语音转换成文字；其次，运用自然语言理解技术分

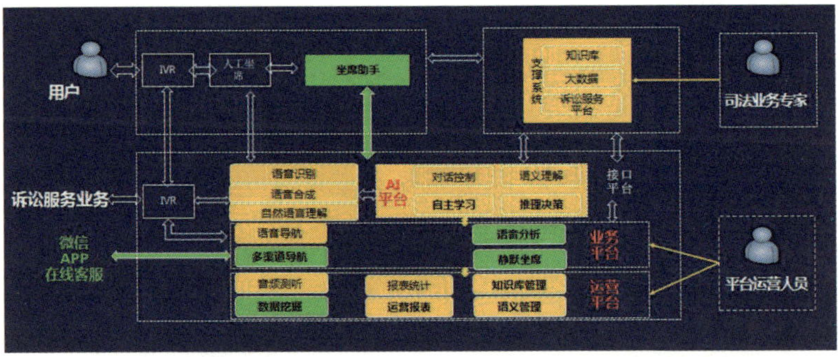

▶ 上海法院 12368 智能平台技术架构示意图

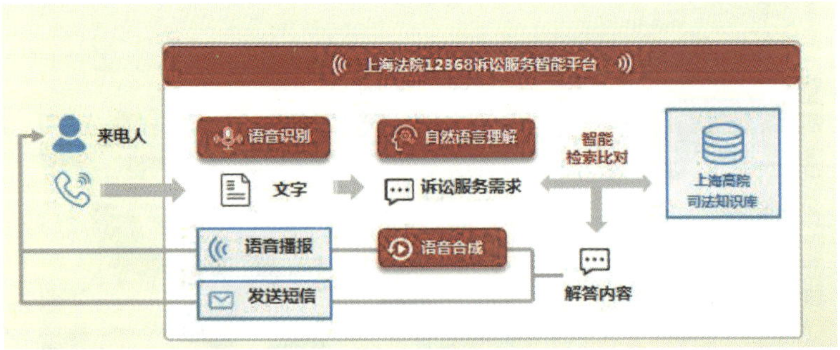

▶ 人工智能回答当事人来电流程图

▶ 上海法院诉讼服务大厅智能机器人使用提示

析来电人的诉讼服务需求；最后，经“上海法院诉讼服务知识库”的检索比对，智能平台将确定的解答内容通过语音合成技术播报给来电人。同时，智能平台可以根据来电人的需要，将播报内容发送短信给来电人。

上海法院还在法院诉讼服务大厅配置了智能机器人、智能一体机等诉讼服务设备，共用 12368 智能平台知识库，提供各类人工智能服务，从而实现了从“互联网 +”到“人工智能 +”的飞跃。

3. 实现诉讼服务“全天候、全方位、零距离、无障碍”

上海法院 12368 平台从 2014 年 1 月正式开通至 2017 年 12 月，共提供各类诉讼服务 562 万余次。其中，人工服务 97 万余次，智能服务 464 万余次。自 12368 智能平台应用以来，在诉讼咨询服务等方面，人民群众选择智能服务的次数已超过人工服务。人

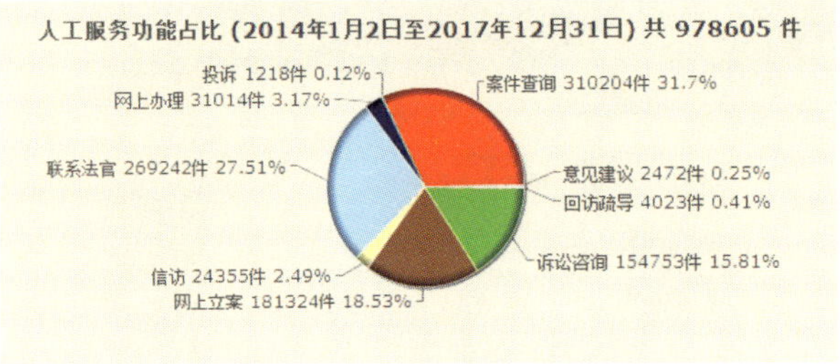

▶ 上海法院 12368 平台人工服务类型示意图

▶ 上海法院 12368 智能平台咨询服务情况对比图

工智能技术的应用，大大提升了人民法院服务人民群众的质量和效率，使“全天候、全方位、零距离、无障碍”的诉讼服务成为现实。

二、建立上海法院 12368 诉讼服务平台——破解诉讼难题

（一）问题的提出——为什么要建上海法院 12368 平台

2013 年 5 月，中共中央在全党开展以为民务实清廉为主要内容的党的群众路线教育实践活动，中共上海市委下发了《关于深入开展党的群众路线教育实践活动的实施方案》，对教育实践活动作出全面部署。

上海高院党组认真贯彻中央、市委的工作部署，积极组织开

展党的群众路线教育实践活动，并首先从调查研究找准问题入手。上海高院党组组织了 8 个调研组，分别由党组成员带队，深入一线开展调研，先后召开座谈会 38 场，走访相关单位 20 余个，接访信访老案 11 件 23 人次，向相关部门发放征求函 50 余份，征求意见建议近 200 条。

▶ 2013 年 7 月，上海高院党组在党的群众路线教育实践活动中，召开不同类型的座谈会听取社会各界意见建议

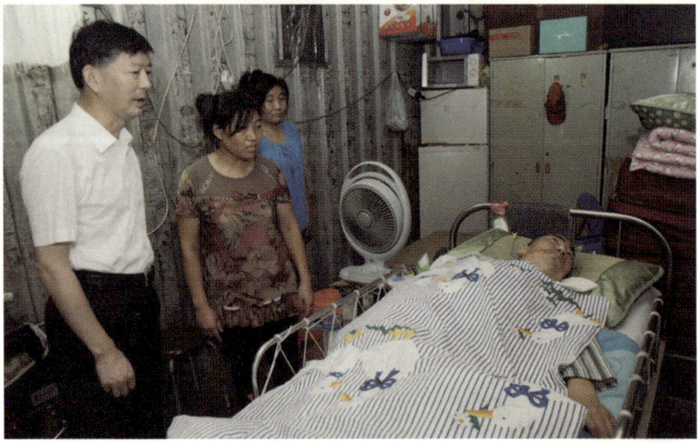

▶ 2013年8月27日，上海高院党组书记、代院长崔亚东带领法院工作人员专程上门看望瘫痪在床的信访当事人

通过对这些意见建议的梳理发现，人民群众在对上海法院工作给予充分肯定的同时，也反映了许多需要解决的突出问题。这些问题主要集中在**立案难**、**执行难**、**诉讼难**等方面，而诉讼难则主要反映为**联系法官难**、**案件查询难**、**诉讼咨询难**等问题，概括为“三

难”，当事人称为“问累”“跑累”“诉累”。

立案难是指当事人及其诉讼代理人到法院申请立案时，法院往往以诉讼材料不齐全、多家法院拥有管辖权、年底收案影响结案率考核、某类案件暂时不宜立案、调解不成才能立案等理由拖延、搁置立案，造成有案难立。

执行难是指人民法院的生效判决难以执行，胜诉当事人的合法权益难以

▶ 上海高院党组书记、代院长崔亚东在党的群众路线教育实践活动中在基层法院接待人民群众

及时兑现。

诉讼难是指当事人及其代理人在诉讼过程中因与法官沟通交流不畅，而形成的联系法官难、诉讼咨询难、案件查询难等难题。

1. 联系法官难

所谓“联系法官难”，是指当事人及其诉讼代理人，需要与法院就诉讼事务性工作进行沟通联系，以便查收材料、提出申请、反映情况、督促催办等，但常常因承办法官、合议庭成员、法官助理、书记员等法院工作人员工作繁忙，或开庭、出差等原因（也有少数法官怕麻烦，不愿接电话），导致“联系法官难”。对此，群众意见大。例如，2013 年 7 月 16 日，时任上海高院党组书记、代院长崔亚东在高院召开部分律师代表座谈会，听取他们的意见和建议时，一**位律师反映**：法官太难找了，不是在开庭审案，就是外出调查，很难联系上。他反映曾经打了 34 个电话，但就是联系不上承办法官。

2. 诉讼咨询难

所谓“诉讼咨询难”，是指当事人需要咨询诉讼中常见的法律问题，但由于法院不能及时提供相关的诉讼咨询服务，当事人常为咨询相关诉讼问题奔波。例如，在一次座谈会上，**一位当事人发言时**拿出一沓子到邮局寄挂号信的收据，他说曾为了咨询一个程序问题给法官寄了 17 封挂号信，但就是如同石沉大海，得不到法官的回复。

3. 案件查询难

所谓“案件查询难”，是指当事人及其诉讼代理人向法院查询案件受理与否、案号、审判组织成员、开庭时间地点、案件审理进程、执行进展、裁判结果等信息时，由于司法公开途径不畅而难以查询到案件的相关信息。例如，还是在那次律师代表座谈会上，**一位律师反映**：他曾多次拨打某基层法院公布的热线电话，查询案件的进展情况，但始终没人接听。后来他到该法院诉讼服务大厅，站在大厅内再次拨打该院热线电话并站在远处观看，发现该电话响了，但法院工作人员只顾忙自己的事，无人去接听电话——“热线不热”。

（二）统一思想、凝聚共识——建设之初的争论：要不要建上海法院 12368 平台

习近平总书记强调：

要坚持司法为民，改进司法工作作风，通过热情服务，切实解决好老百姓打官司难问题。[1]

凡是群众反映强烈的问题都要严肃认真对待，凡是损害群众利益的行为都要坚决纠正。[2]

对人民群众反映的这些突出的诉讼难题，要不要解决？怎么解决？摆在了上海高院党组面前。

我们的法院是人民法院，司法为民是人民法院的根本宗旨。上海高院党组的态度是：**民有所呼，我有所应；群众的呼声要回应，诉讼难题要破解**。因此，上海高院党组以实际行动落实习近平总书记指示精神，下决心解决好老百姓打官司难问题。同时提出了运用现代科技手段，将 12368 热线电话改造升级，**建立上海法院 12368**

1　习近平总书记 2013 年 2 月 23 日在中央政治局第四次集体学习时的重要讲话。

2　习近平总书记在党的十九大报告中的重要讲话。

平台，以解决人民群众反映突出的联系法官难、案件查询难、诉讼咨询难的“三难”问题。**但决策之初，却在法院内部引起了一场争论**，争论的焦点主要集中在：“当事人反映的打电话找法官难等诉讼难题要不要解决？”“法官能不能接电话？”“要不要建上海法院12368平台？”一部分同志赞成，另一部分同志存有疑虑，还有一部分同志反对，甚至有的同志认为“当事人打电话找法官难”等问题是客观存在的，存在的就是合理的。

1. 存在的就是合理的吗？

在讨论中，有的同志认为，“案多人少”是当前人民法院客观存在的问题，当事人打电话找法官难是一种客观现象，是客观存在的，存在的就是合理的，因此不赞成通过设立上海法院12368平台来解决这个问题。

存在的就是合理的吗？实际上这是认识上的误区。所谓“存在的就是合理的”，源自德国著名哲学家黑格尔“凡是现实的都是合乎理性的，凡是合乎理性的都是现实的”这一著名哲学命题。而将其理解为“存在的就是合理的”是对黑格尔这一哲学命题的片面理解。**第一，现存不等于现实**。在黑格尔看来，绝不是一切现存的都无条件地也是现实的。在他看来，现实性这种属性仅仅属于那同时是必然的东西。现存是指当下存在的一切事物。现实是指合乎规律的、具有必然性的事物。因此，存在的不一定是合理的。第二，现实的东西不会永远都是现实的。在发展进程中，以前一切现实的东西都会因条件的变化而丧失自己的必然性和合理性；一种新的、富有生命力的现实的东西都会代替正在衰亡的现实的东西。第三，从社会发展来看，社会是一个永恒发展的过程。现实的社会总有其不完美的一面，不会达到一种完美的最终状态而结束。人类社会是不断地由低级向高级无穷发展的进程，其中任何一个历史阶段都具有暂时性；每一历史阶段都有自己存在的理由，但最终要被新的更高阶段所取代；历史阶段的更替是社会内部条件发展的结果。

通过深入调研与讨论，大家达成了共识：人民群众反映突出的“联系法官难”等“三难”问题确实是存在的，但这种客观存在的现象与司法的本质、与人民法院全心全意为人民服务的根本宗旨是完全相悖的。我们推进司法体制改革，就是要从人民群众最不满意的地方改起，从人民群众最需要的地方做起。因此，“三难”问题的存在是不能允许的，也是不合理的，必须坚决予以解决。

2. 建立上海法院 12368 平台与“禁止私下接触”规定

在讨论中，有的同志认为，建立上海法院 12368 平台与司法中立等司法原则是否存在冲突？当事人应当有证举在庭上、有理讲在庭上，有话开庭再说、有事开庭再讲。因此这些同志担心，法官接听当事人及其代理人的电话，会不会违反“禁止私下接触”的诉讼原则？会不会违反除案件开庭之外，法官不应该私下接触或接待当事人及其代理律师等有关规定？

通过深入调研与讨论，大家达成了共识：**建立上海法院 12368 平台，与“禁止私下接触”并不冲突**。禁止私下接触是司法活动应当遵循的诉讼原则，目的是防止法官或法院其他工作人员在非工作时间、非工作场所与当事人、律师、特殊关系人、中介组织发生不正当接触交往行为，其核心要义是禁止私下接触以确保司法公开、公正、廉洁。[1] 但禁止私下接触并不等于禁止法官或者法院其他工作人员与当事人及其诉讼代理人之间的依法合规的沟通交流，而且这些交流沟通是必要的。法院建立诉讼服务平台，并制定规范规则，明确规定当事人通过上海法院 12368 平台联系法官的事由、方式、途径、程序、答复范围等，建立平台运行、协调督办、效果测评机制，运用科技手段，全程记录当事人联系法官的过程、内容等，既可以让当事人以最便捷的方式与承办法官沟通联系，又公开透明，接受监督，避免私下单方接触，确保司法公开、公正、廉洁。

在国际上，域外法院同样存在法院、法官与当事人和民众沟通交流的做法。例如，在实行对抗制诉讼程序和当事人进行主义的美国联邦法院，非常重视将法院的联系电话、信箱地址向全社会公开便于民众联系法院。

3. 建立上海法院 12368 平台与增加法官工作负担

在讨论中，有的同志担心：建立上海法院 12368 平台会额外增

1　参见景汉朝、卢子娟:《论禁止单方接触原则》，载《人民司法》1998 年第 10 期；蒋惠岭：《禁止单方接触原则的内容及其适用》，载《人民司法》1996 年第 8 期；顾乐永、马广胜：《完善禁止法官单方接触制度的建议》，载《人民法院报》2013 年 11 月 13 日，第 8 版；侯淑雯：《禁止单方接触与保障程序公平》，载《现代法学》2001 年第 5 期。据学者介绍，禁止单方接触在英语中又表述为“ex parte contacts prohibited”。其中，“ex parte”源自拉丁语，意为“单方面”，或“偏向一边”。因此，禁止单方接触有时会更简洁地表述为“the ex parte prohibition”即“禁止偏向一边”。法律界一般认为该术语是指在处理某一案件的法官或其他公正的决定者与已经成为或正在寻求成为该案的一方当事人在其他所有当事人不在场的情况下发生的接触。这意味着当决定者在进行单方接触时，他是在从事倾向一方的讨论，而没有向另一方提供回应和陈述的机会。禁止单方接触就是要禁止有权作出决定的人与其正在处理或即将由其处理的特定事项有关的当事一方在背着其他当事方的情况下所进行的任何书面或口头接触，以避免该方当事人有机会向决定者施加影响，或通过提供与待决事项有关的片面信息，从而有可能使决定者先入为主，形成偏见。

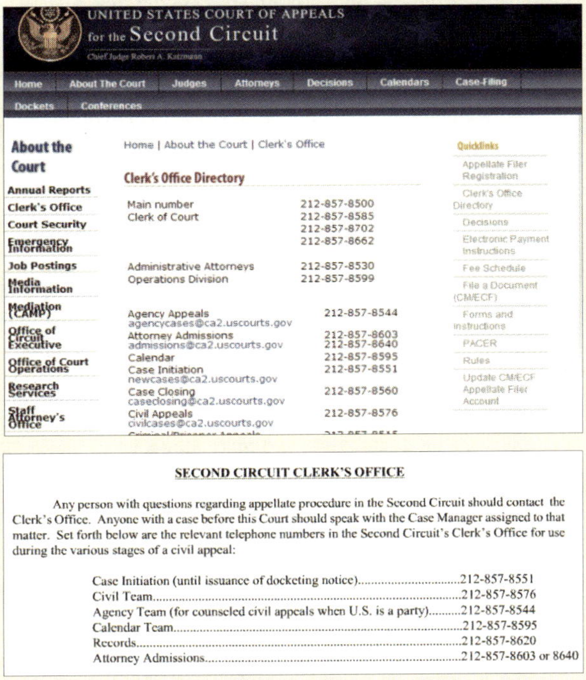

▶ 美国联邦第二巡回上诉法院网站公布的办公室电话和上诉咨询电话

加法官的工作量。案多人少是当前全国大部分法院共同面临的困难。尤其上海法院近年来人均办案数量连续位列全国前列，工作负荷已近极限，法官的工作压力非常大。如果再要求法官接听并答复处理当事人来电，会大大增加法官工作量，牵扯法官时间和精力。

通过深入调研与讨论，大家达成了共识：**建立上海法院 12368 平台，不仅不会增加法官的负担，而且可以缓解法官的压力，提升工作效率**。法官的职责不仅仅是坐堂问案，为当事人提供诉讼服务、答疑释惑同样是法官的分内事。司法实践中，当事人及其代理人因询问案件进展、咨询相关法律问题、诉讼材料收转等事项与法官沟通是常态，而且需求非常迫切。通过建立综合性的诉讼服务平台，可以整合各种诉讼服务资源、功能和方式，为当事人提供除案件开庭审理之外的全部诉讼和非诉讼服务，不仅便利了当事人，而且可以把法官从琐碎繁杂的诉讼事务性工作中解脱出来，更好地集中时间精力专注办案。实际上，上海法院 12368 平台成为法官办案的“公用小秘书”，分担了法官的诉讼服务工作，减轻了法官负担，缓解了法官的压力。

4. 建立上海法院 12368 平台与法官公正办案

在讨论中，有的同志担心：法官依法独立审判，不偏不倚，平等保护双方当事人合法权益，如果接听当事人及其诉讼代理人的电话，是否会影响法官公正办案？特别是接听到求情、恭维或争辩、辱骂的电话，可能会影响法官的情绪，干扰法官办案。

通过深入调研与讨论，大家达成了共识：**阳光是最好的防腐剂**。建立上海法院 12368 平台，对当事人的诉讼请求及其回复，统一标准、统一内容、统一流程，全程可视、全程留痕、全程可查、全程监督，全部存档，使一切均在阳光下运行。这种信息公开、透明，接受监督，可以促进法官公正办案，对于法官依法公正行使审判权，让公正看得见、摸得着、可评价，实现当事人的诉讼权利具有重要的保障作用。

5. 建立上海法院 12368 平台与涉诉信访矛盾化解

在讨论中，有同志担心，当事人来电的情况比较复杂，随意性较大，且口说无凭；有的来电没完没了，甚至无理纠缠，可能会引发事端。个别同志甚至认为，群众联系法院不能太方便，否则会把各种社会纠纷特别是大量信访矛盾引向法院，超出法院化解纠纷的极限。

通过深入调研与讨论，大家达成了共识：通过建立上海法院 12368 平台，法院为当事人提供全方位、全天候、零距离、无障碍的诉讼服务，对当事人的“问有所答、呼有所应”，及时解答当事人的问题，消除当事人的不满情绪，有利于矛盾纠纷的化解，不仅不会导致大量信访矛盾涌入法院，还会大大提高人民群众的司法满意度和司法公信力。因此，建立上海法院 12368 平台，是疏通化解矛盾的有效措施。

6. 上海法院 12368 平台的初级样板——上海长宁、虹口法院的探索与实践

为了解决人民群众反映突出的联系法官难等“三难”问题，上海市长宁区人民法院（以下简称长宁法院）、虹口区人民法院（以下简称虹口法院）进行了积极的探索，取得了良好的成效，为建立上海法院 12368 平台提供了样板。

长宁法院样板

2007 年年初，**长宁法院**针对当事人关于**“法院的电话老是打不通，打通了老是无人接”**的抱怨，制定了《**电话总机转接工作管理办法**》，建立了法院小总机转接当事人电话的工作机制。2009 年后，该院又改造电话总机布局、充实接听人员，开发当事人来电留言提示管理软件，拓展总机接听服务功能，并制定了《关于规范总机、小总机电话接听和处理办法》《群众接待工作规范场景设计 65 例》等操作规范，取得了非常好的成效。据统计，2013 年 1 月至 5 月，该院总机共接听来电 8 万余次，转接 5 万余次；另有 2 万余次或由接听人员直接予以处理或通过软件系统留言由法官及时回复。2013 年 1 ~ 5 月该院登记留言回电 258 件，回复处理率达 100%。2011 年，该院关于电话接听的信访投诉仅有 2 件，与 2010 年同比下降了 100%，且经对电话录音进行核查发现上述投诉均属不实；2012 年至 2013 年 7 月间未发生因电话接听而引发的投诉，相反收到对接听人员的表扬信 10 件。人民群众对长宁法院的满意度不断提升。[1] 2013 年 6 月 14 日，时任上海高院党组书记、代院长崔亚东到长宁法院调研，听取了该院建立小总机、解决法院电话老是打不通的工作汇报，给予了充分肯定，并作出批示，将该院的经验转发全市法院学习借鉴。

人民法院报
最高人民法院官网开通"院长信箱"
您好，请讲！
——看上海长宁法院如何破解"电话找法官难"
黑龙江：查问题找原因抓整改
山东：力求开好专题民主生活会
陕西：查"四风"做到边整边改
辽宁高院让干事者有为又有位
网络举报日均超 800 件
福建高院开通政务平台
全市法院一年只开一个现场会

▶《人民法院报》关于上海长宁法院电话小总机的报道

1 上海市长宁区人民法院位于上海中心城区西部，全区总面积 38.3 平方公里，辖 9 个街道 1 个镇，户籍人口 62 万人。

虹口法院样板

2008年年初，**虹口法院**同样为了解决人民群众反映突出的联系法官难等"三难"问题，在立案庭诉讼事务服务中心配备了四门电话，每日安排两名接待法官专门负责接听群众关于案件查询、案件催办、法官约见、联系法官等方面的来电，并制定了《**关于解决"立案难、找法官难、执行难"若干问题的实施意见**》，设立专门联系当事人的业务庭工作手机，方便当事人以电话、短信等方式联系法官，并要求承办法官在收到电话或短信2日内主动联系当事人，形成双方间的有效互动。同时，该院还对每月群众来电联系法官总体情况进行统计分析和动态评估，对群众多次反映电话无人接听的部门、承办法官未予联系、未按规定回复等情况，在全院范围内进行通报并督促整改，取得了明显成效。

2013年12月11日，时任上海高院党组书记、代院长崔亚东到虹口法院调研，对该院解决"三难"问题的工作给予了充分肯定，并在该院《接听接听群众来电工作的专项统计分析报告》中作出批示："虹口法院自2008年以来，采取有效措施，在解决群众'找法官难'等问题上取得了较好的成效，积累了一定的经验。这份'情况分析'对当前我们在开展的几个专项治理，推进上海法院12368平台建设具有很强的指导意义，请印发各院，与长宁法院的经验一并学习借鉴。"[1]

长宁法院、虹口法院通过建立电话小总机、设立专门电话接线

1　上海市虹口区人民法院位于上海市区北部偏东。全区总面积23.4平方公里，下辖8个街道，户籍人口约79万人。

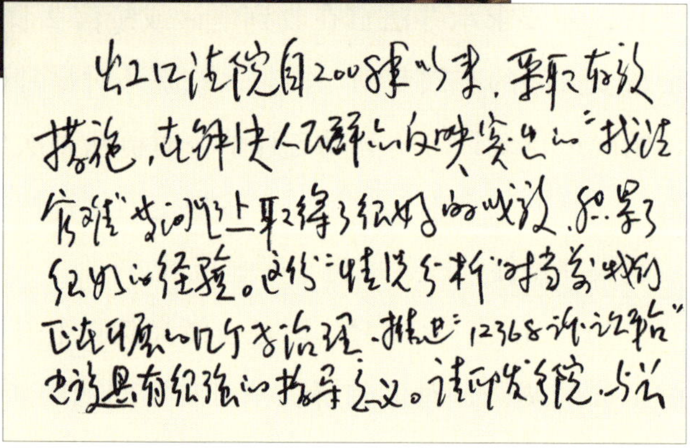

虹口法院自2008年以来，采取有效措施，在解决人民群众反映突出的"找法官难"等问题上取得了很好的成效，积累了很好的经验。这份"情况分析"对当前我们正在开展的几个专项治理，推进"12368诉讼平台"建设具有很强的指导意义。请印发各院。亚东

▶ 2013 年 12 月 11 日，时任上海高院党组书记、代院长崔亚东在虹口区法院调研，并在虹口区法院专题报告上批示，肯定该院解决群众找法官难等问题的做法

员等办法，解决人民群众反映突出的联系法官难等“三难”问题的成功实践，为在全市法院建立 12368 诉讼服务平台提供了理论依据和实践样本。上海高院党组及时总结长宁、虹口法院的经验予以推广，同时更加坚定了推动上海法院 12368 平台建设的决心和信心。

三、建立上海法院 12368 诉讼服务平台的重要意义

（一）建立上海法院 12368 平台是贯彻以人民为中心思想、践行司法为民的重要实践

习近平总书记在党的十八届五中全会上强调：“必须坚持以人民为中心的发展思想，把增进人民福祉、促进人的全面发展作为发展的出发点和落脚点。”

人民法院贯彻以人民为中心的发展思想、践行司法为民宗旨，不仅体现在依法公正高效地办理好每一起案件上，还要体现在诉前、诉中、诉后的各项诉讼服务上。建立上海法院 12368 平台，在法院与当事人建立起一座沟通交流的桥梁，通过创新诉讼服务方式，降低诉讼运行成本，畅通人民群众反映问题、发表意见的渠道，延伸诉讼服务职能，让人民群众感受到诉讼服务就在身边，是认真贯彻落实以人民为中心的发展理念的重要实践。

（二）建立上海法院 12368 平台是主动服务群众诉讼、切实解决老百姓打官司难的重要举措

习近平总书记强调：“要坚持司法为民，改进司法工作作风，通过热情服务，切实解决好老百姓打官司难问题。”

近年来，当事人关于联系法官难、案件查询难、诉讼咨询难

等诉讼难题的反映越来越强烈。对当事人而言，一旦案件诉讼至法院，找法官交材料、询问进展、反映案件相关情况的愿望就十分迫切。如果当事人联系法官渠道不畅通，把当事人来电来信挡在法院外面，让人民群众感到诉讼难，这与人民法院的本质，与司法为民的要求是背道而驰的。为此，崔亚东院长提出**“把方便让给群众、把困难留给自己”**的工作理念，并要求作为12368平台建设的指导思想。上海法院建立12368诉讼服务平台，由专职诉讼服务工作人员统一接听全部来电，统一接收所有留言，并当场答复处理绝大部分诉讼服务需求；不能当场答复的，由平台向法官派发电子工单，并要求限期办结。这是上海法院破解诉讼难题、提升服务质效的重大举措。不仅保障了当事人及其诉讼代理人打得通电话、找得到法官，同时保障了当事人及其诉讼代理人与法官之间沟通交流的顺畅，保证当事人及其诉讼代理人找得到法官、等得到回复，有效破解了当事人的联系法官难等诉讼难题（顽症）。

诉讼服务是世界诸多国家司法领域均存在的问题。如美国，同样非常注重“司法便民指数”和“司法公正指数”。[1] 其中，“司法便

1　1987年，美国司法部司法辅助局（Bureau of Justice Assistance，BJA）与全国州法院中心（National Center for State Courts，NCSC）为各州初审法院制定了一套系统的业绩评估标准（Trial Court Performance Standards），规定了5类22项标准68项考评方法，其中就有专门针对“司法便民”的评价。经过近20年的运用，2005年，“全国州法院中心”开发了名为“法院工具箱”（Court Tools）的法院业绩评估机制。设置的10个指标具体为：（1）公正便民度；（2）结案率；（3）案件审理实际使用时间；（4）现存案件排期待审时间；（5）排期开庭计划的落实率；（6）诉讼材料和案卷的完整性和可靠性；（7）财产执行到位率；（8）陪审员的选中率；（9）司法人员对工作环境的满意率；（10）不同类型案件的个案司法成本。“公正便民度”具体包括“司法便民指数”和“司法公正指数”两个方面的问卷调查，前者主要调查受访者对司法服务的满意度，共设置10个问题；后者主要调查受访者

民指数”的问题包括：法院办公场所是否容易找到、法院提供表格是否清晰易懂、在法院里是否有安全感、是否为残障人士提供服务设施、法院工作的效率如何、法院服务能否满足个人需求、能否容易找到要去的法庭或办公室、法院网站信息是否有用、工作时间安排是否合理、工作人员态度如何。

据美国法院的调查结果，与司法公正指数相比，公众对法院的正面评价更多来自他们在法院参与诉讼、旁听参观时是否获得礼貌待遇，法院的审判过程是否公正等司法便民指数所涉及的体

Figure 1.3: Comparisons of 2013 and 2008 Access Section Results

Q#	Access Section Statements	2013 % Strongly Disagree/ Disagree	2013 % Strongly Agree/ Agree	2013 Mean	2013 Comparison*	2013 N	2008 % Strongly Disagree/ Disagree	2008 % Strongly Agree/ Agree	2008 Mean	2008 N
1	Finding the courthouse was easy.	4%	90%	4.4	=	4,507	5%	90%	4.4	7,652
2	The forms I needed were clear and easy to understand.	8%	80%	4.1	=	3,900	6%	82%	4.1	6,479
3	I felt safe in the courthouse.	6%	87%	4.3	=	4,536	5%	89%	4.3	7,569
4	The court makes reasonable efforts to remove physical and language barriers to service.	5%	84%	4.2	=	4,049	5%	84%	4.2	6,673
5	I was able to get my court business done in a reasonable amount of time.	15%	73%	3.9	+	4,380	15%	72%	3.8	7,329
6	Court staff paid attention to my needs.	7%	83%	4.2	=	4,350	7%	84%	4.2	7,370
7	I was treated with courtesy and respect.	6%	88%	4.3	=	4,491	5%	89%	4.3	7,628
8	I easily found the courtroom or office I needed.	5%	90%	4.3	=	4,550	5%	90%	4.3	7,518
9	The court's hours of operation made it easy for me to do my business.	7%	82%	4.2	+	4,455	9%	78%	4.0	7,135
10	I found the court's web site useful.	8%	71%	3.8	+	1,152	12%	58%	3.7	3,320
	Access Index Score			84					83	

* Comparison of 2013 mean scores to 2008 mean scores. When means are the same in 2013 and 2008 '='; when 2013 mean is higher than in 2008 '+'.

▶ 美国地方法院、上诉法院业绩评估标准以及明尼苏达州法院司法便民指标年度对比表

对法院程序和裁判结果的看法，共设置 5 个问题。调查问卷适用于所有法院，由当事人或者其他进入法院办事或者参观的人填写。司法公正指数的 5 个问题是：案件是否得到公正处理、法官在作出决定之前是否充分听取了当事人的陈述、法官作出的裁判是否有充足的理由、双方当事人是否得到了同等待遇、通过本案我是否学到了再打官司该怎么办。关于美国地方法院和上诉法院的司法便民指数等与 Court Tools 业绩评估有关的情况，中文相关介绍可参见于秀艳、赵荔：《美国“五好法院”的标准与考评》，载《人民法院报》2002 年 11 月 11 日；彭何利：《美国法院“公正便民度”评价机制及运行——以蒂珀卡努县法院 2012 年评价情况为样本》，载《人民法院报》2013 年 6 月 21 日，第 8 版；英文介绍载 http://www.courtools.org.，2017 年 8 月 1 日最后访问。

验感受[1]。

（三）建立上海法院12368平台是实现司法公开、接受公众监督、促进司法公正的重要途径

让正义以看得见的方式实现。以往因受司法神秘主义的影响，司法公开不到位，司法透明度不高，加上一些当事人对司法规律的认知度不高，对司法活动的参与度不够，进而影响了当事人对司法公正的认同度、认可度。上海高院建立12368诉讼服务平台，让法院的审判执行工作各环节依法公开透明，做到了**全程公开、全程可视、全程留痕、全程监督**，有效保障人民群众的**知情权、参与权、表达权和监督权**；同时，以公开促公正，通过依法全面公开，有效监督，保障了审判权依法独立公正行使，**让司法公正看得见、摸得着、能感受、可评价**，大大提升了司法的公信力。

（四）建立上海法院12368平台是人民法院主动拥抱新科技、创造更高水平的社会主义司法文明的重大创新

习近平总书记强调，全党全社会都要充分认识科技创新的巨大作用，敏锐把握世界科技创新发展趋势，紧紧抓住和用好新一轮科技革命和产业变革的机遇，把创新驱动发展作为面向未来的一项重

1 例如，明尼苏达州法院业绩年度评估报告表明，在司法便民指数的民众满意度方面，2013年与2008年相比，评估指标的平均值（Mean Scores）有7项基本持平，有3项略有提高。对“法院网站信息实用性”的满意率最低，为71%，但比2008年提高13个百分点；对“法庭和办公室容易找到”的满意率最高，为90%，但与2008年相比没有提高。态度文明尊重、表格清晰易懂等个别指标的满意率略有下降。民众最不满意的是诉讼迟延和司法效率，2008年和2013年的不满意率均高达15%。

大战略实施好[1]。

上海高院建立的 12368 诉讼服务平台，在原来热线电话的基础上，充分运用互联网、大数据、云计算、人工智能等现代科技手段，与诉讼服务深度融合，紧跟科技飞速发展的步伐，不断进行升级改造，构建了集多种功能为一体的**综合性的诉讼服务平台，**让诉讼服务网络化、数据化、智能化，为人民群众提供**“全天候、全方位、零距离、无障碍”**的诉讼服务，实现了诉讼服务从**“互联网 +”**到**“人工智能 +”**的质的飞跃。这是人民法院主动拥抱科技革命的积极探索，创造更高水平社会主义司法文明的重大成果。

▶ 上海法院 12368 诉讼服务平台、诉讼服务中心和律师服务平台是上海法院服务群众诉讼的“三张名片”

1　参见习近平总书记 2013 年 9 月 30 日在中共中央政治局以实施创新驱动发展战略为题举行第九次集体学习会上的讲话。

第二章

上海法院 12368 诉讼服务平台建设的实践

——怎么建 12368

一、上海法院 12368 诉讼服务平台建设的概况

（一）指导思想

以党的十八大精神为指引，以习近平总书记“努力让人民群众在每一个司法案件中感受到公平正义”为总目标和“要把群众合理合法的利益诉求解决好”“对群众急需急盼的事零懈怠”为总要求，[1]针对群众反映突出的诉讼难题，采取有效措施，消除人民群众的诉讼障碍，方便群众诉讼，维护群众合法权益，实现人民法院司法为民、公正司法的本质要求。

1　参见习近平总书记 2014 年 1 月 7 日在中央政法工作会议上的重要讲话。

（二）基本原则

1. 坚持司法为民

坚持以人民为中心的发展理念，践行司法为民的根本宗旨，牢牢把握人民群众关于提升诉讼服务质量、效率的新需求、新期待，通过建立上海法院 12368 平台，完善诉讼服务工作体系，健全诉讼诉讼服务制度，强化诉讼便民利民措施，完善诉讼服务功能，让人民群众切实感受到人民法院诉讼服务的便捷高效。

2. 坚持问题导向

紧紧围绕人民群众反映突出的诉讼咨询难、案件查询难、联系法官难等诉讼难题，倒逼改革措施的出台，通过建立上海法院 12368 平台，破解人民群众的诉讼难题，切实增强人民群众的获得感。

3. 坚持公开透明

以公开促公正。通过建立上海法院 12368 平台，对当事人的诉讼服务请求及时回应，统一标准，统一内容，统一流程；全程可视，全程留痕，全程监督，保障人民群众的知情权、参与权、监督权，确保司法公正看得见、摸得着、可评价。

4. 坚持科技引领

科技是**司法服务群众的良器，是破解司法难题的利器**。充分运用现代科技手段，把电话、微博、微信、网络、移动终端、大数据、人工智能等现代新科技融入上海法院 12368 平台之中，实现现代科技与诉讼服务的深度融合，不断提升诉讼服务的现代化水平。

（三）目标定位

建立上海法院 12368 平台，旨在破解人民群众反映强烈的“联系法官难”“案件查询难”“诉讼咨询难”等诉讼难题，实现诉讼服务的“全方位、全天候、零距离、无障碍”，有效缓解人民群众“诉累、问累、跑累”。

（四）建设阶段

上海法院 12368 平台建设大致分为两个阶段。

1. “互联网 + 诉讼服务”（第一阶段）

2013 年 12 月，上海法院 12368 平台建设之初，主要通过热线、网络等方式，为人民群众提供联系法官、查询案件、诉讼咨询等 8 **项诉讼服务**。2014 年 1 月，上海法院 12368 平台正式开通，各项功能运作正常，日均处理来电 200 多件，平台不断收到当事人来电表扬或感谢，深受群众欢迎。

2014 年 4 月 17 日，**最高人民法院周强院长专程到上海法院 12368 平台调研**，对平台给予高度评价。他指出：“**这是一项运用现代信息技术实现司法便民利民的成功举措，要认真总结经验，不断加以完善，适时予以推广**。”并要求：“开局不错，希望长期坚持，越做越好，**为全国法院司法为民便民工作积累经验**。”

2014 年 7 月，最高人民法院将“开通全国法院 12368 公益服务系统”写入了全国人民法院《四五改革纲要》，作为司法改革的重要内容在全国法院推广。2014 年 8 月，上海高院协助完成最高人民法院 12368 诉讼服务热线的筹建、开通工作和坐席培训工作，为最高人民

▶ 2015 年 11 月 24～25 日，“全国法院诉讼服务中心建设推进会”在安徽合肥召开。上海高院崔亚东院长做了题为“全面推进诉讼服务中心规范化建设，实现诉讼服务全方位、零距离、无障碍”的大会交流发言，得到周强院长的高度评价和与会各省市法院一致好评

法院 12368 诉讼服务热线于 2014 年 9 月顺利开通做出了积极贡献。

2014 年 9 月，上海高院决定将全市法院原有的举报、投诉、执行、咨询、诉讼事务等 70 多条热线全部并入上海法院 12368 平台，统一接听、集中派单、分类处理，实现**“三级联动、一号对外”**，进一步提高效率、方便群众。

2. “人工智能＋诉讼服务”（第二阶段）

伴随大数据、云计算、人工智能等现代科技的迅猛发展，上海法院又将**人工智能植入诉讼服务平台**，建设了**“上海法院 12368 诉讼服务智能平台”**。智能平台于 2016 年年底开始筹建，2017 年 4 月上线试运行，5 月 17 日正式开通。

2017 年 5～12 月，仅 12368 智能热线电话已经提供各类诉讼服务 5.13 万次。智能平台的开通，标志着上海法院诉讼服务与信息技术的深度融合，**实现了从“互联网＋”到“人工智能＋”的质的飞跃**。

二、上海法院 12368 诉讼服务平台的主要功能

上海法院 12368 平台建立之初，具有 8 项功能。随着现代科技日新月异的快速发展，上海法院紧跟科技发展，运用新科技，不断提升平台功能。至 2017 年 12 月，平台已具有 18 项功能（详见第三章附表）。其中，联系法官、案件查询、诉讼咨询 3 项功能使用频率最高，深受群众欢迎；意见建议、投诉举报、回访疏导 3 项功能群众使用次数虽然不多，但对于法院接受监督、改进工作十分重要；网上立案、庭期避让和信息推送等人工智能服务功能是上海法院实施“互联网 + 诉讼服务”“人工智能 + 诉讼服务”行动的创新与探索，最能体现新科技与诉讼服务融合的特色。

（一）联系法官功能

1. 功能简介

联系法官功能，是为了有效解决人民群众反映强烈的“联系法官难”问题而设置的。案件当事人、代理律师或其他诉讼参与人，通过上海法院 12368 平台的热线电话、网络平台、微信、APP 等多种方式，可以就案件审判执行相关的督促催办、查收材料、反映情况等诉讼事务性工作，及时联系到案件承办法官或法官助理、书记员。

2. 相关规定

为了充分发挥联系法官功能作用，既方便当事人等联系法官，又要确保司法公正，上海高院制定了《上海法院 12368 诉讼服务平台管理暂行规定》（以下简称《12368 平台暂行规定》）、《上海法院 12368 诉讼服务平台热线诉讼服务实施细则》（以下简称《12368 热线服务细则》）、《上海法院 12368 诉讼服务平台网络诉讼服务实施细则》（以下简称《12368 网络服务细则》）和《上海法院律师服务平台暂行规定》（以下简称《律师平台暂行规定》）等制度规定，以规范该项功能的行使。主要内容有：

一是规范申请。只有案件当事人、律师或其他代理、辩护人才有权申请联系法官。通过上海法院 12368 平台联系法官时，来电人或留言人必须报出或输入其需要联系法官所涉案件的案号和上海法院专门为每一个案件随机分配的八位诉讼服务密码。

二是规范内容。联系法官要有正当理由。联系法官的事由主要包括：了解案件进展情况，询问法官办公电话，督促催办案件，查收案件材料，反映案件相关情况等。对于法官已经作出明确答复的重复来电或留言需求，或已经依法公开的案件信息，以及来电人或留言人提出的其他不正当的联系法官需求，平台坐席均直接答复办结，不予转派。

三是限期办结。转派给法官或其法官助理、书记员办理的联系法官类工单应在 1 个工作日内办结。超期办结的，平台应逐一核查超期原因。对没有正当理由故意不在规定期限内回复当事人、代理律师或其他诉讼参与人，未按时办结工单的，或者对于法定职责范围内的诉讼事务推诿的，予以问责。

3. 实现方式

通过平台联系法官，可以采取拨打（021）12368 热线电话，或登录上海法院律师服务平台、当事人平台以及 12368 微信、APP 等任何一种方式。平台应尽量当场答复办理。无法或不宜由平台当场答复的，如果来电人要求自行联系，平台可以告知法官或其法官助理、书记员等人的办公联系方式；如果来电人反映联系不上法官，由平台协助联系或转分平台联系；分平台联系不上法官，则记录或转发来电人留言，并通过法院综合管理信息平台实时提醒法官在限期内尽早回复来电人。答复联系法官需求，既可以通过办公电话拨打来电人预留的回电号码，也可以发送 12368 短信，还可以通过法院办公网络回复电子邮件。

通过平台联系法官，对申请人提出的要求，平台或法官答复的方式、内容、时间等，平台系统中均全程录音、留痕备查。

4. 运行情况

2014 年 1 月 ~ 2017 年 12 月，上海法院 12368 平台的联系法官类工单共计 26.92 万件，占平台人工服务总次数的 27.51%。其中，大约 9% 的联系法官需求通过 12368 微信、APP 或当事人平台、律师平台等网络平台提出，通过拨打 12368 热线电话要求联系法官的占比 91%，约 24.54 万件，其中 78% 由坐席当场答复办结。平台转派给法官答复办理的联系法官类热线来电，4 年累计只有 5.51 万件，平均每个法官每季度只需要办结 1 件联系法官工单。该功能的充分运用，不仅解决了群众联系法官难问题，而且有利于法官集中时间精力办案。

（二）案件查询功能

1. 功能简介

案件查询功能，是为了有效解决人民群众反映强烈的“案件查询难”问题而设置的。案件当事人、代理律师或其他诉讼参与人，通过上海法院 12368 平台的热线电话、智能平台、网络平台、短信平台等多种方式，可以了解案件受理与否、案号、审判组织成员、开庭时间地点、审理进程、执行进展等依法可予公开的案件信息。

2. 相关规定

根据上海法院《12368 平台暂行规定》及相关实施细则，对于已经在互联网公开的案件信息的查询，来电人无须提供密码，由坐席根据互联网公开信息直接答复。对于未在互联网上公开但来电人又确需知道的案件审理信息，应先验证诉讼服务密码，再由坐席员根据法院内网办案信息系统记载的信息直接答复。如果由于信息系统中尚未输入相关信息等原因致使案件查询要求无法当场答复的，应转派电子工单给案件承办人。承办人应在收到电子工单之日起 2 个工作日内答复办理。

3. 实现方式

案件当事人、代理律师或其他诉讼参与人拨打 12368 热线后，可以在工作日选择坐席人工服务查询案件信息；也可以全天候 24 小时选择智能服务，只要输入案号和密码，就可以收听到平台播报的案件相关情况。来电人还可以选择要求平台将播报的案件信息内容以短信方式发送到指定手机上。同时，当事人及其代理人通过登录上海法院网站的案件查询栏目，凭诉讼服务密码还可以自助查询案件信息。

4. 运行情况

2014 年 1 月 ~ 2017 年 12 月，上海法院 12368 平台的案件查询在各类诉讼服务中占比最高。其中，人工服务共计 31.02 万次，占 33%；智能服务共计 48.39 万次，占 43%。

（三）诉讼咨询功能

1. 功能简介

诉讼咨询功能，是为了有效解决人民群众反映强烈的“诉讼咨询难”问题而设置的。当事人和其他诉讼参与人、社会公众通过上海法院 12368 平台的电话人工、智能平台、网络平台等多种方式，可以向法院就常见的程序性诉讼法律问题进行咨询。

2. 相关规定

根据上海法院《12368 平台暂行规定》及相关实施细则，平台免费提供的诉讼咨询服务主要包括当事人的诉讼权利、各级法院案件管辖规定、立案条件、诉讼费收费规定、审理期限、司法救助等带有普法性质的常见程序性法律问题的咨询。凡与具体个案有关的实体问题，除非法律已有明文规定，平台一般不作解答。如来电人坚持要求提供咨询意见的，坐席将转给承办法官视情处理，或建议来电人拨打法律服务专线 12348 咨询具体个案的诉讼风险或胜诉对策。[1]

3. 实现方式

咨询常见程序性法律问题，既可以拨打热线电话选择坐席人工服务，也可以登录网络诉讼服务平台。智能平台开通后，机器人 24 小时值守 12368 热线，可以不受时间、地点、人数等限制，免费提供民事、商事金融、刑事、行政等诉讼中常见程序性法律问题的咨询服务。一般情况下，由平台根据诉讼咨询知识库中相关信息直接答复。知识库没有答案的，由后台法官会商一致后，指导坐席答复，并及时将新的问答内容补充进知识库；对疑难复杂问题或普遍共性问题的诉讼咨询，平台难以确定答复内容的，转交相关法院或部门慎重研究后再答复。

4. 运行情况

2014 年 1 月～2017 年 12 月，上海法院 12368 平台累计提供诉讼咨询人工服务 15.48 万次，占人工服务总量 15.81%。智能平台开通后，截至 2017 年 12 月，诉讼咨询智能服务次数已超过人工服务。

（四）意见建议功能

1. 功能简介

意见建议功能，是为了方便当事人和其他诉讼参与人、社会公众通过上海法院 12368 平台的热线电话、网络、微信、APP 等多

1 “12348”是司法行政部门和法律援助中心面向广大人民群众提供法律咨询的专用公益电话短号，主要功能是解答群众法律咨询、配合调处民间纠纷、指导和接受法律援助申请等。2018 年 1 月，司法部印发《关于加快推进司法行政改革的意见》，提出建成包括电话热线、网站、微博、微信、移动 APP 为一体的“12348 中国法网”，以便为群众提供普惠性、公益性、可选择的公共法律服务。

种方式，对法院工作发表意见、提出建议、建言献策而设置的。该功能对改进法院工作，提高司法决策的科学性、民主性，具有重要作用。

2. 相关规定

《12368热线服务细则》第10条、第20条，《12368网络服务细则》第14条明确规定了受理和处理意见建议类来电或留言的责任部门、具体程序和时间期限。根据以上规定，对于疑难复杂的建议意见，承办人最迟应在收到电子工单之日起5个工作日内回复；对涉及本市法院工作的意见、建议，平台转交有权处理的承办法院或部门，由承办单位依法处理并回复来电人。来电人反映的情况重要，提出的意见建议对加强法院建设及改进工作价值重大，承办法院或部门应及时反馈、总结和推广。

3. 运行情况

2014年1月～2017年12月，上海法院12368平台共收到意见建议2472条，占人工服务总量的0.25%。其中，律师通过律师服务平台提出意见建议700多条，通过12368热线和微信、APP提出意见建议800多条。所有意见建议均由相关法院和高院的职能部门专题研究，并已按期办结、及时反馈。绝大部分意见得到采纳，来电人或留言人均表示满意。对少数未被采纳的意见建议，经法院耐心沟通解释，来电人或留言人均表示理解。

从具体内容来看，主要有表扬、建议、意见等。人民群众通过12368平台提出的意见建议涉及热线和网络服务平台的技术保障、功能设置，占比约70%。其余30%意见建议主要涉及法院审判执行工作的标准统一、审判执行效率、程序规范等方面，对法院改进工作很有帮助（也有意见建议涉及队伍廉政建设，为此法院另设有举报专线）。例如，律师谢某反映，律师服务平台网页上企业组织机构代码证是必输项，但三证合一后企业只有社会信用代码证，无法填写这个必输项。平台收到该意见后立即在诉讼服务网页上新增“社会信用代码证”输入选项。

（五）投诉举报功能

1. 功能简介

投诉举报功能，是针对群众对法院工作人员的工作态度、司法作风包括违法乱纪等问题进行投诉或举报而设置的。当事人、律师和其他诉讼参与人、社会公众，通过上海法院 12368 平台的热线电话、网络、微信、APP 等多种方式进行投诉或举报，依法监督法院工作。

2. 相关规定

《12368 热线服务细则》第 9 条、第 19 条，《12368 网络服务细则》第 13 条规定了受理和处理投诉类来电或留言的责任部门、具体程序和时间期限。当事人和其他诉讼参与人、社会公众还可以通过平台检举控告法院工作人员的违纪违法行为[1]。对投诉举报，由上海市各级法院**统一受理，首问负责，限期处理，逐一问责，全程留痕**。

1 对于纪律作风投诉和违纪违法举报，平台通过专门的程序设计、基于岗位职责的分级授权进行严格管理，前台坐席专人接听，数据单独保存，严守工作纪律，履行保密义务，并及时转交法院监察部门处理。

12368 热线 4 号键“违纪违法举报”的特定坐席负责接听、记录或接收通过热线、网络、微信、APP 等方式提出的投诉举报。接线员须经纪检监察部门培训合格后方可上岗，并按照有关规定履行保密义务。在征得来电人同意后，坐席可以简单询问来电人是否属于不服审判执行业务和是否有法院工作人员违法违纪的具体事实或其线索，并区分不同情况依法处理来电。[1]

3. 运行情况

2014 年 1 月 ~ 2017 年 12 月，平台接到投诉类来电 716 件，投诉类网络或微信、APP 留言 502 条，占比 1.2‰，在各类人工服务量中排名最后。日均投诉来电由平台开通之初日均 8 件降至 2017 年年底日均不到 1 件，呈明显下降趋势。

根据投诉的具体内容，平台将投诉细分为态度、作风、违法违纪、不立案、执行难、其他六类。平台正式开通至今，投诉法官审判执行工作态度问题最多，约占 2/3。主要反映法官接待及庭审、执行时语气不好、用语不妥、缺乏耐心、批评指责过于严厉等。投诉法官作风的来电约占 10%，主要反映法官办案效率不高、程序拖沓、工作方式方法简单等。

1 对不服审判执行业务的，以及没有违法违纪具体事实和线索的，在 12368 诉讼服务内网系统中按照涉诉信访或投诉来电当场处理或派发工单；对于来电人声称有违法违纪的具体事实或其他线索的，征得来电人同意后，可以询问并登记举报人联系方式、举报事项、被举报人和要求转接的法院，但不得主动询问举报人身份等信息，不答复举报事项如何处理等实体问题。一般情况下，可以直接转接来电举报所涉法院的纪检监察部门，如接通后以“电话转接”报结。如无人接听，则直接派发工单给该法院纪检监察部门指定的责任人。

(六)疏导与回访功能

1. 功能简介

疏导与回访是上海法院 12368 平台的两项功能，但密切关联。通过**心理疏导**，可以帮助来电人或留言人解开思想上的症结，客观理性地认识问题。通过**专项回访**、**随机回访**，可以及时了解当事人对司法裁判和诉讼服务的意见和满意度，帮助法院改进工作。

2. 实现方式

当来电人或留言人因法律纠纷涉诉，需要法院从司法认知、诉讼心理、诉讼常识、纠纷解决方法、心理减压等方面进行劝解疏导时，坐席应制作心理疏导类电子工单，并派发给具有心理咨询师资格或相应工作能力的法官或平台管理人员。工单承办人运用心理学原理和方法，帮助来电人发现自身问题及其根源，从而挖掘来电人的潜在能力，在此基础上自愿改变原有的认知结构和行为模式，以提高来电人对法院依法裁判纠纷的适应能力和认同心理。

上海高院总平台或各法院分平台通过随机回访或专项回访，了解来电人或留言人对诉讼服务和事项办理的满意程度。其中，随机回访是 12368 话务系统根据各类来电的具体情况按指定比例随机生成回访工单，由各分平台坐席对本院、总平台坐席对全市法院的工单办理情况进行回访；专项回访是上海高院总平台或各法院分平台根据工作需要和领导要求，对某一类或几类来电或留言所涉及的诉讼服务和工单办理情况进行回访。

3. 运行情况

2014 年 1 月 ~ 2017 年 12 月，平台提供回访疏导服务 3991 次，仅占仍服务总量的0.41%。其中，总平台随机回访74次，分平台随机回访3867次，心理疏导50次。

一般情况下，来电人或留言人大都不愿主动申请心理疏导，不愿承认其本人存在任何心理问题。实践中，平台工作人员根据同一当事人重复、多次来电或留言及所反映的具体问题，进行分析研判，主动开展工作。虽然投入的时间、精力较多，但收效明显，被疏导人满意度高。回访则不仅可以了解群众对法院审判执行和诉讼服务工作的满意程度，还可以弥补工单办理和诉讼服务过程中的短板与不足，促进审判执行工作质量和诉讼服务水平的提升。

（七）网上立案功能

1. 功能简介

网上立案功能，是为了有效解决人民群众反映突出的“立案难”问题而设置的。律师或当事人可以通过该功能在互联网上直接向法院提交起诉状或执行申请书，立案法官在线办理。符合条件的，依法登记立案。诉讼费用可以通过网上缴费系统预交。律师或当事人足不出户即可完成立案。

2. 相关规定

上海高院制定了《律师平台暂行规定》和《律师平台网上立案实施细则》。明确规定，网上立案的范围包括一审民事、商事及知识产权案件申请立案，一审刑事自诉申请立案，以及就生效的法院民商事裁判文书申请执行。律师申请网上立案的，应当以平台提示的格式通过网络在线提交所有诉讼材料，包括主体身份信息证明、委托代理权限证明、诉状（申请书）、证据等。对律师网上立案申请，立案部门应当在当日（律师在非工作时段提交网上立案申请的，顺延至此后首个工作日）审核并答复律师。当日不能判断是否符合受理条件的，最迟应当在5个工作日内答复律师。[1]

3. 实现方式

律师、当事人通过互联网进入上海法院网站的律师平台和当事人平台提交起诉状和证据材料后，法院立案系统工作界面会自动出现相应的网络工单办理提示。网上立案法官在查阅申请材料后，认为符合立案登记规定的，应当场登记立案。立案法官如果认为律师提交的立案登记申请不符合法律规定或应当补正的，应在线一次性告知律师。立案法官在线办结网上立案工单时，系统会自动采集案号等信息，发送12368短信通知到原告律师的手机。律师也可以随时登录律师服务平台的工作界面查看网上立案信息。

通过网上立案功能，不用到法院就可以在线预交诉讼费用。立案法官在线同意登记立案并由立案管理系统自动生成案号后，系统

1 具体答复要求一般包括：（1）认为网上立案申请符合受理条件的，应当回复同意立案，在线生成诉讼费用缴纳通知书发送给律师，同时通知律师将所有在线提交的诉讼材料（正本及按照对方当事人人数提交副本）通过邮寄等方式递交法院（注明地址和收件人），便于及时向对方当事人发送副本。（2）认为网上立案申请不符合受理条件的，应当作出充分释明，告知不予立案的理由以及纠纷解决的途径或方式，也可约请律师到法院立案窗口当面解答。律师要求出具不予受理裁定的，应告知其通过现场立案方式提交材料及提出申请。（3）认为起诉材料（申请材料）不符合要求需补正的，应当在线出具一次性补正通知书，告知需要补正的内容、期限以及不按时补正的后果。律师按照要求补正的，应当回复同意立案；律师拒绝补正或未按要求补正的，应当回复不予立案并作出释明。（4）根据网络提交的材料无法确认网上立案申请是否符合受理条件的，应当告知律师携带相关材料到法院立案窗口申请立案。经立案窗口审核认为符合受理条件的，应当当场办理立案手续。

同步自动生成电子版的诉讼费用预交通知书。法官办结网上立案申请工单时，系统会自动采集诉讼费用预交通知书的全部电子信息并上传到律师服务平台外网界面，律师可以在线下载或打印诉讼费用预交通知书，并通过律师服务平台已经链接的“付费通”等缴费系统完成网上支付。

4. 运行情况

2015 年 1 月 ~ 2017 年 12 月，律师平台办理网上立案申请 15 万件，占人工服务总量的 15.43%；网上登记立案率成功率达 93%，年均增幅超过 100%。律师申请网上立案但未成功的案件占比 7%，主要包括：在申请网上立案之前或同时已经到大厅立案窗口提交立案登记申请，以及主动撤回网上立案申请、起诉不属于接收申请的法院管辖、未依法提交证据材料等。由于网络具有全程留痕、全程可视等特点，通过网上立案系统进行立案登记缴费，还有助于解决提交诉状时间不明、起诉材料缺失、补正要求不清楚等问题，人民群众对立案登记工作的满意度再次大幅提升。

（八）庭期避让功能

1. 功能简介

庭期避让功能，是为了方便律师依法执业，防止开庭时间冲突即所谓“**开庭撞期**”，运用现代科技，通过系统自动比对校验，事先自动避让律师开庭排期的时间冲突。长期以来，庭期时间冲突是困扰律师执业的一个老大难问题，[1] 该问题还涉及一些法律观点认识分歧。[2] 为解决这一问题，上海高院多次召开律师座谈会、与上海市律师协会沟通，最终选择运用科技手段解决这一问题的方案，开发了“庭期避让”功能。这一功能应用，解决了多年想解决而没有解决的问题，消除了律师“开庭撞期”的烦恼。

2. 实现方式

代理辩护律师的基本信息输入或转入审判流程信息系统后，承办法官在内网排期开庭时，系统会自动校验律师的开庭日期是否有冲突。如果律师在某天已有开庭排期，系统会自动提示法官该律师这一天已安排开庭，可另安排时间。

3. 运行情况

截至 2017 年 12 月，律师服务平台自动避让 7700 次开庭排期时间冲突（示例如下）。律师本人虽然并不知情，但已经实实在在地享受到了法院为保障律师执业作出的努力。

排期案号	冲突案号	开庭地点	代理律师	排期日期
（2015）宝民一（民）初字第 5138 号	（2015）松民二（商）初字第 2332 号	第二十三法庭	田 ××	2015-09-22

1 律师发现开庭排期时间冲突后，传统的做法是与其中一个或两个案件的承办法官商量改期。一般情况下，只要律师反映庭期冲突并提供传票的传真件或复印件，后通知法院都会尽量重新排期开庭。但是，上级法院案件、第一次开庭案件、即将超审限案件和在办案件较多的法院比较难以改期。如果两个案件的承办法官均不同意改期，一般做法是在征得当事人同意的前提下由同一律所的其他律师代为出庭并提供新的委托手续；也有律师反映开庭时间冲突的多个案件承办法官均不同意改期，原告律师很被动，为了避免与法院对立、不与承办法官翻脸，只能采用“撤诉并申请全部退费后再起诉”方式处理排期冲突问题。

2 观点分歧主要包括“开庭时间排期冲突”是否属于法律和司法解释中的“正当理由”、“开庭时间排期冲突”应以律师还是律师事务所为标准等。

（九）信息推送功能

1. 功能简介

信息推送功能，是为了落实最高人民法院“依法可以公开的应全部公开”的要求，上海法院 12368 平台通过短信、网络，主动向当事人、律师及其他诉讼参与人推送依法可以公开的全部案件信息。

2. 实现方式

信息推送功能主要通过 12368 涉案短信推送、律师平台关联案件推送等方式来实现。法院将短信推送功能嵌入审判执行系统的关键节点中。在立案审理阶段，系统会实时自动向当事人及其他诉讼参与人发送立案、审判组织成员、开庭、先予执行、诉讼保全申请、保全办理情况、追加当事人、送达、延长审限、结案、上诉、案件生效日期等信息。在案件执行阶段，系统会实时自动向申请执行人、被执行人、协助执行人等发送立案、分案、查扣冻情况、当事人追加、执行公告、曝光台、限高令等信息。案件审理或执行过程中有委托拍卖的，系统会实时自动向拍卖申请人、拍卖参与人等发送拍卖机构、拍卖进展等情况。同时，承办法官也可以通过 12368 平台向各方当事人和其他诉讼参与人群发短信。在律师平台，还设置了关联案件信息推送功能，主动向使用平台立案、办案的律师推送其代理、辩护的本方当事人的关联案件的关键信息。该类短信的主要内容举例如下：

案号	发送时间	短信内容
（2014）杨刑初字第536号	2015/1/9	×× 律师：本院受理案号：（2014）杨刑初字第 536 号被告人卜 ×× 故意伤害纠纷一案。定于 2014 年 1 月 12 日 13 时 40 分，在河间路 29 号第一法庭宣判。希你作为本案的辩护人准时出庭，具体详见我院已发出的《出庭通知书》
（2014）金刑初字第1168号	2015/2/3	×× 律师：本院受理被告人李 ××、刘 × 等十人涉嫌诈骗一案，主审法官是 ×××，与法官 ×××、人民陪审员 ××× 组成合议庭，法官助理由 ××× 担任，书记员由 ××× 担任。办公室联系电话分别是：×××、×××、×××
（2015）奉刑初字第1477号	2015/9/10	被告人张开建：你涉嫌寻衅滋事一案，检察院已起诉至我院，现通知你按照取保候审规定，于 2015 年 9 月 18 日 13 时 30 分至上海市奉贤区人民法院（南桥镇解放东路 199 号）签收起诉书。承办法官 ×××，联系电话：37190666 转分机 ×××

律师平台关联案件推送功能主要向使用平台服务的律师自动推送该律师代理的本方当事人在上海全市法院的案件基本信息，便于律师全面、准确了解案情。

3. 运行情况

2012 年 12 月至 2014 年 7 月共发送涉案短信 2.40 万条，月均 1200 条。自 2014 年 8 月上海法院 12368 平台启用该功能以来，涉案短信的自动推送量迅速增加。其中，2014 年 8 月至 2015 年 7 月共推送涉案短信 59.50 万条，月均 4.96 万条；2015 年 8 月 ~ 2017 年 12 月共推送涉案短信 290.99 万条，月均 10.03 万条。其中，立案信息、审判信息、执行信息、其他案件信息分别占比 19%、30%、35%、16%。

2015 年 1 月 ~ 2017 年 12 月，上海法院通过律师服务平台向律师的互联网办案界面推送关联案件信息 54.91 万件占平台智能服务的 48.76%。通过 12368 平台的信息推送功能，切实做到了公开、透明，保障了当事人和其他诉讼参与人的知情权、参与权、监督权。

三、上海法院 12368 诉讼服务平台的工作机制

习近平总书记指出："把各种渠道的群众反映综合起来受理和解决，是一个好做法，既要注重提高办事效率，又要建立长效机制"。"为民服务不能一阵风、虎头蛇尾，不能搞形式主义。"[1]

上海法院在建设 12368 平台过程中，高度重视制度机制建设。通过制度机制建设，形成长效机制，确保各项措施落地并持续长久。

（一）平台管理协调机制

1. 建立平台协调委员会

《12368 平台暂行规定》第 9 条规定，高院建立"诉讼服务平台协调委员会"，由监察室、审管办、信息处、办公室、研究室、

1　参见习近平总书记 2014 年 3 月 17 日在河南省视察兰考县为民服务中心的焦裕禄民心热线时的重要讲话。

立案庭、信访办等部门领导组成，高院分管院长为召集人，负责疑难、复杂事项的协调和违规事项的追责处理。例如，在平台筹建和试运行过程中，规章制度的起草、商议、修改涉及诸多部门，需要统一思想认识、协调职能分工，坐席选拔培训与后台法官、平台办管理人员的选定，以及工单催办、投诉督办等各项工作时间紧、难度大。平台协调委员会召开协调会议 10 余次，经过周密部署安排，全都保质保量及时完成。

又如，在处置不明身份人员假冒上海法院 12368 平台进行电信诈骗过程中，当时分管诉讼服务工作的上海高院顾伟强副院长接到平台管理办公室报告后，根据上海市委政法委姜平书记和上海高院

▶ 2013 年 12 月，时任上海高院党组书记、代院长崔亚东带领各位副院长及平台协调委员会各组成部门负责人检查指导上海法院 12368 平台建设

崔亚东院长的批示，多次与市公安局及徐汇分局协调商议，并召集本院立案庭、法警总队、信息处、法宣处等部门，采取系列应对措施，收到良好效果，无一名当事人上当受骗。[1]

2. 建立平台管理办公室

上海高院在立案庭增设专门机构——12368 诉讼服务平台管理办公室（科级机构），由一名立案庭副庭长兼任主任，从组织机构上确保平台正常运行。其主要职能为：负责 12368 平台热线接听、问题处置等日常业务和咨询法官、坐席员等人员的管理工作；负责 12368 平台问题答复的后台支持、处理、指导、答疑等工作；负责联络协调下级法院和本院各部门落实处理与 12368 平台有关的各项工作，并履行监督、指导和考核职能；负责 12368 平台综合文稿的撰写、工作情况的分析汇总等工作。根据《12368 平台暂行规定》及《12368 热线服务细则》、《12368 网络服务细则》、《律师平台暂行规定》，对诉讼服务工作实行分级管理；中基层法院设立诉讼服务分平台负责本法院的平台事务处理、转办、督办等工作。平台先后荣立上海法院集体一等功、二等功、三等功。

1 据市公安局刑事侦查总队核查，此次假冒上海法院 12368 诉讼服务热线进行电话诈骗是典型的电信诈骗活动，由犯罪嫌疑人从境外通过网络电话，利用改号软件设置来电显示号为 02112368，经由国际关口局落地上海并呼入本市移动电话用户或座机。此外，2014 年 8 月 1 ~ 21 日，市公安局“110”指挥中心接报假冒 12368 进行电话诈骗的报警记录共 64 条，其中包括假冒北京法院、苏州法院和上海法院诉讼服务平台的诈骗电话。上述报警人均未上当受骗。除商请公安部门迅速查处之外，高院立案庭逐一向来电人解释说明了上海法院 12368 与假冒 12368 的区别要点，同时提醒其立即向“110”报案备查，防止当事人和社会公众上当受骗。

▶ 12368 平台的集体荣誉

3. 明确职责分工

上海法院 12368 平台是一个综合性诉讼服务平台，实行统一受理、分级负责的工作机制。因此，各级法院、各部门之间应各司其职、协调配合。《12368 平台暂行规定》第 6 条对各部门的“职能分工”作了具体规定。其中，信息技术部门负责诉讼服务平台的建设、维护，为平台正常高效工作提供技术支持和保障；各业务条线负责平台转交事项的及时处理和案件审判执行流程各节点信息的及时输入；办公室负责及时提供法院工作人员办公电话信息；研究室负责及时更新法律知识库；审判管理办公室、监察室负责对平台转交事项处理情况的考核、督察。此外，通过《12368 热线服务细则》《律师平台暂行规定》等规定，对各部门责任及工作流程做了进一步明确细化。[1]

（二）坐席人力资源保障机制

1. 坐席招录机制

在政务类公益热线中，坐席招录大致有外包和内设两种模式。以上海为例，市民热线 12345 的话务坐席采用的是外包模式，由电信公司设立运营中心负责根据“确保较高接通率”等原则招录足够数量和较高素质的坐席接听来电。[2] 上海消费者权益保护 12315 热线的话务坐席采取的是部分内设、部分外包模式，即设置单独的事业单位“服务（投诉信访）中心”，由工商行政机关的行政编制人员担任中心负责人和主要管理人员，由“中心”负责向人才市场和劳动力市场招聘话务坐席。由于坐席流动频繁，坐席招聘已经成为“中心”的日常主要工作任务之一。

1 《12368 热线服务细则》进一步明确规定：各业务部门主要负责人为本部门 12368 平台工作的第一责任人，应当做好及时组织、协调工作，加强检查、督办本部门的诉讼服务平台转交事项办理工作。《律师平台暂行规定》则对为律师提供网络诉讼服务的各部门责任分工进一步作出了明确规定。其中，各业务庭负责选择确定在律师平台发布的审判业务文件和诉讼文书格式文本，及时输入案件办理流程节点信息和其他相关事项的处理；审判管理办公室负责督促相关业务庭对法律适用不统一问题作出及时处理，根据相关业务庭授权统一发布并及时更新审判业务文件和诉讼文书格式文本；研究室负责及时更新法律法规库和最高人民法院公报案例、指导性案例以及上海高院精品案例等典型案例库；办公室负责在线审查网上阅卷申请，及时更新法院地址、邮编和办公电话等；信息技术部门负责数据交换、技术支持和信息安全保障；监察室审务督察部门负责督察平台各项服务工作落实情况。

2 参见王川：《区县一把手要到 12345 坐堂派工》，载《上海法治报》2014 年 10 月 14 日，第 1 版。该热线日均接听市民来电约 4000 多个。据了解，该热线实行轮班制，正常时段在岗坐席一般为 100 多人，还可根据来电量随时安排 100 多名备用坐席到岗。政府则设立热线管理办公室负责协调、监督、管理。坐席的经济收入和入职招聘、人事升迁等均由运营中心负责实行企业化管理。

上海法院 12368 平台的坐席最初采取内设模式，即由聘期 3 年的法院文员担任坐席，工资奖金由法院财务部门根据人事部门确定的统一体标准每月准时转账支付进卡；作息时间按照党政部门的上下班时间实行坐班制，但午休时间需轮流值班。随着平台工作的快速发展，坐席工作任务成倍增加。其中，热线接听当事人和社会公众来电最初为每天一二百个，2017 年年底单日接电已经达到一千多个。此外，通过网络、微信、APP 等方式提出的投诉建议、网上立案等诉讼服务也需要坐席人工识别、当场办结、制单派单、督促催办。从 2015 年开始，上海法院 12368 平台进一步改进，采取“一线话务适度外包”的坐席招录模式。主要包括两个方面：一是择优录用老坐席任班组长。从平台筹建之初一直在坐席岗位工作、表现优秀且自愿选择继续在平台从事诉讼服务工作的 3 年期聘用制文员，录用为各业务组的班组长，负责新坐席的传、帮、带和全组话务指标的督促完成。二是聘用部分专门坐席员。对自愿在平台工作 1～2 年的大专院校毕业生，以及具有话务工作经验或法律工作经验的其他社会人员，通过适当的程序审查和能力测试，聘用为专门坐席员，经培训后上岗，主要从事接电任务较重但对专业知识和法律工作经验要求不高的案件信息查询等工作。

2. **坐席流动机制**

诉讼服务平台坐席应当具备良好的沟通能力、准确的表达能力、恰当的情绪稳控能力和质优面广的专业知识储备。但是，坐席工作的考核指标多、技术要点琐碎繁杂、心理压力大、从业人员年龄偏低、承压能力不强、薪酬收入偏低……因此，在当前用人体制下，坐席招聘难、流失率高、职业忠诚度低是诉讼服务平台遇到的一个带有共性的问题。在印度等离岸外包业务比较发达的地区，呼叫中心的人员流失率往往超过60%，我国的外包呼叫中心，人员流失率也经常超过50%，有的甚至超过100%。面对商业热线在薪资、晋职等方面的竞争优势，公益类热线特别是政务类公益热线的坐席年度离职率一般都超过30%。如果年度流失率控制在30%以下，说明该热线特别是政务类公益热线的坐席员流失率管理控制水平已经相当不错。[1]

对从事诉讼服务平台工作的从业人员来说，**流动率不能太高**。否则，会导致培训成本投入过高、岗位经验积累不足、服务质量下降等问题。但同时，**也有必要建立淘汰机制**，对长期不适应岗位责任的坐席予以淘汰。因此，诉讼服务平台应当建立招聘、培训、排班、轮岗、考核、处分、辞退、开除、奖励、晋职、晋级等人员管理制度和机制，以保证平台高效运行。4年来，上海法院12368平台的坐席年度坐席流失率一直保持在低于20%的水平。[2]

3. 坐席培训机制

诉讼服务是司法审判的辅助性工作。从业人员需要接受司法专业及相关知识的培训。因此，上海法院高度重视坐席员的法律知

1　参见周逸松：《数据的魔力：基于数据分析的呼叫中心流程改善》，成都时代出版社2013年版，第227页。

2　随着人民群众诉讼服务需求量的大幅增长，必要时可以适当加大一线话务的外包力度，大量增加企业聘用编制的一线话务坐席的在岗人数和储备人数；同时可以考虑招聘或培养2～3名热线或网络现场话务经理，具体负责一线坐席的招录、考勤、轮岗、调配和业绩考评、目标考核、工资制表、奖金津贴核算等现场管理工作。目前，诉讼服务平台可以大胆借鉴外包模式中的招聘专业化要求以及企业化管理理念，严格绩效考核，切实为人民群众提供专业、规范、方便、高效的诉讼服务。

识、话务技能等业务培训，以保证服务质量。例如，每位坐席上岗前应当进行《诉讼咨询问答》和《坐席话务操作技能》两项技能培训，测试合格才能上岗。

4. 坐席考核机制

平台建立了严格的考核制度机制。对于坐席的投诉率、满意率、日均接电量、工单描述、通话时长、在线时长等核心指标，以及出勤作息、纪律作风等情况，平台管理办公室直接考核。未完成最低指标要求且无劳动法明文规定理由的，直接评定为不称职或基本称职。连续 3 个月被评定为不称职的，予以淘汰。同时，平台还通过日常诫勉谈话、每周例会、月度讲评、季度述职等方式加强对全体坐席的思想政治教育，提升坐席员的自觉性。

▶ 上海法院 12368 诉讼服务平台坐席工作现场

（三）平台运行机制

1. 服务需求的分级分类管理机制

根据群众诉求的多样性、复杂性，平台建立了**一般需求和复杂需求的分类管理机制**。**一般的普通诉讼服务需求具有数量大、易于判断、答复简明的**特点。平台要求坐席在简要记录来电人姓名、联系电话和服务需求后，根据案件查询流程节点数据库和承办法官或法官助理、书记员办公电话信息库记载内容，以及诉讼咨询知识库的标准答案，予以当场回复。问题稍复杂，需要进一步联系法官的，则转给有派单职责的坐席班组长当场派单。无正当理由重复提出相同需求的，则根据已有的答复口径或处置对策直接答复处置，不再重复派单。

复杂的疑难诉讼服务需求往往涉及**突发情况、复合型请求、疑难诉求**等情况。平台要求坐席全面、详细地记录来电人的需求，准确派发电子工单，并建立快速反应协调机制，畅通坐席与班组长、后台法官、平台办、联络员和部门负责人的沟通渠道和问题答复处理升级机制。同时，还要求严格控制疑难类需求的办结标准，加强跟踪督办，确保办理实效，并定期交流总结。对于 12368 热线来电或网络、微信留言反映长期未得到解决的正当服务需求，平台管理办公室向相关责任人初步核实后，及时向各法院部门负责人、监察室或分管院长派发督办工单，定期全市通报督办工单的办理实效。

2. 电子工单的派发与催办机制

对于不能当场答复办结的来电和留言，坐席制作形成电子工单。电子工单实行分类分层办理，不同类型电子工单有不同的处理程序和办结标准。电子工单的合理分类既关系到回应群众需求的及时性，也影响到答复处理的准确性和电子工单的办理质量。工单分类既要尊重来电人或留言人的自行选择，也需要坐席根据来电人或留言人的主要需求和期望达到的真正目的，准确判断是否需要调整电子工单的所属类别。电子工单的正确分类、准确派发和及时催办是平台诉讼服务数据分析工作的重要前提和必备基础。上海法院《12368 平台暂行规定》《12368 热线服务细则》《12368 网络服务细则》《律师平台暂行规定》等规范性文件，充分考虑群众诉求的多样性、复杂性，明确了复杂疑难问题工单的归类标准、办理流程和监督责任。[1]

平台电子工单的催办机制包括短信自动提示、自动预警、自动催办、飘窗提醒和人工催办、专项督察、专项通报、定期讲评、目标考核等多个环节。电子工单一旦生成，12368 短信平台就会自动推送短信告知承办人待办工单信息，承办人的公务保密手机 APP 中也会出现相同内容的自动提示；办理期限届满前 1 天，法院信息化办

1 上海法院 12368 诉讼服务平台在工单分类时一般重点考虑以下四个因素：（1）主要问题。涉及多项类别的，应按反映的主要问题确定电子工单的类别归属。（2）真实需求。例如，对于询问办公电话等可以公开的联系方式，以便直接联系案件承办人的，宜归入联系法官类。（3）不同类别工单的服务范围。例如，对于咨询涉及具体案件的实体法律规定问题，因超出咨询类工单服务范围，故不宜归入咨询类。可根据具体情况决定是否引导来电人或留言人通过联系承办法官予以解答，此种情况可考虑归入联系法官类，以确保诉讼服务不影响案件公正审理。（4）不同类别工单的功能定位。例如，投诉类工单目的在于发现和处理违法违纪行为，包括该立案而违法不立案且不出具不予受理裁定等情形。但是，如果来电人或留言人就尚未发生法律效力的不予受理裁定不服而进行投诉，一般情况下可以通过咨询类工单引导其通过上诉程序寻求救济。如无其他审判作风态度问题或违法违纪线索，应不属于投诉类工单范围。

公系统中承办人的 12368 平台栏目会自动黄灯警示，并自动发送短信提醒部门责任人催办，同时 12368 总平台和分平台的坐席会多次直接电话提醒、督促承办法官和部门负责人。办理期限届满,12368 平台自动红灯警示。各法院分平台坐席在工单逾期的第 1 个工作日再次人工催办，并填写催办记录抄送庭长，总平台坐席也会向部门负责人发出督办工单；对催办后 1 个工作日内仍未办理的，交由审务督察部门进行专项督察，承办部门、承办人应当作出书面说明；平台管理办公室定期发布各法院办理电子工单的实际情况，对逾期办理的法院和承办人进行通报批评。对明显违规的单位和个人，视情予以专项通报。上海高院平台事务协调委员会每季度对全市法院工单办理情况进行讲评。各法院审判管理部门、政治部门根据 12368 平台提供相关数据，将各法院、各承办人 12368 事项办理情况列入法院目标管理考核。

3. 保持热线畅通机制

在确保热线畅通方面[1]，上海法院 12368 平台的主要做法是关注热线整体和各类功能按键分组的“接通率”，实时显示并定期考核各分平台的热线转接通率；尽力精简语音 IVR 流程，缩短在线等待时间，

1 “服务水平”（SERVICE LEVEL）是呼叫中心的重要指标，常被用来衡量呼叫中心处理呼叫的整体响应水平。从专业术语角度来看，服务水平是指“在 X 秒内有 Y% 的呼叫获得应答”。例如，“服务水平：80/20”的意思就是“在 20 秒内有 80% 的呼叫获得了坐席应答”。为了避免专业术语影响日常交流，我们可以把“服务水平”作为一个上位的整体性概念，并使用“接通水平”来替代热线来电中“服务水平”的主要含义。如果我们将呼入电话的最长在线时长设定为 X，则“接通水平”的含义与接通率近似。与“接通水平”密切关联的话务指标还有平均应答速度、平均等待时长、进队列前呼损率、应答呼损率等。

超期则自动挂断[1]。同时，2015 年 4 月，上海法院 12368 热线增设了录音留言等待坐席人工回拨程序，以应对来电高峰期坐席人手不足问题，也在一定程度上提高了来电接通水平[2]。截至 2017 年 12 月，12368 热线已经提供来电留言录音回拨人工服务 5.72 万次。虽然录音留言给来电群众的服务体验不同于当场接通，在时间方面存在一些延后，但相对于电话无人接听、需求无处反映相比，仍然存在非常明显的比较优势。同时，低峰期间的坐席服务心态更为从容、服务时间更为充裕。2017 年 5 月升级为智能平台后，机器人 24 小时值守，不受来电人数限制，彻底解决了来电高峰期热线打不通的问题。

4. 通话监听与服务质控机制

如果说接通水平更多的是侧重服务效率管理的话，那么通话质控则是热线乃至整个平台运行中主要针对服务质量进行现场管理的不可或缺的重要举措。通过电话监听技术对热线服务质量进行跟踪分析，并对坐席进行实时奖惩，是各类呼叫中心的一种常用的质量管理手段。国内常见的通话质控方式包括坐席相互监听和管理人

1　确定该种管理策略的主要考虑因素是：（1）特定时间段内可以安排接电的坐席人数相对固定，很难将 20 ~ 30 秒内的接通率不断提得更高。毕竟，即使对于同时在岗坐席成百上千人的大型或特大型呼叫中心，“服务水平”即本书所称“接通效率”一般也大多在 80% ~ 90%，90% 以上还要继续提高则非常困难，或需要投入成倍增加的人力资源。提供公益免费服务的法院诉讼服务平台一般难以承受明显过高的人力资源投入成本。（2）热线智能和网络、短信、微信、APP 等方式也可以实现热线人工的联系法官、案件查询、意见建议等主要功能，且服务内容基本一致。

2　语音流程的具体设计为：12368 语音播报在“呼入时即提示忙线”或“因排队超时强制挂断电话”前均播报语音提示：“热线座席正忙，请稍后再拨！您可以在听到嘀声后 60 秒内通过平台录音电话留下您的姓名、联系电话和主要诉讼服务需求，平台会尽快回电与您联系！”在来电高峰期结束后，负责处理当天录音留言的各组坐席，必须尽快收听录音并做相应处理。需要回拨的，应当场立即回拨。无法接通的，稍后应再次回拨。要求至少回拨三次，确实无法接通的，才能视作无效来电处理。

员随机静默监听、现场指导监听、系统同步电话录音等。[1] 一般的呼叫中心也大都会对重要来电进行同步录音，对常规的普通来电随机录音。上海法院 12368 平台将通话过程的录音监听作为重要质控手段，后台法官定期随机抽查每位坐席的常规接电的部分录音以及投诉等重要来电的全部录音。

5. 满意度评价与服务回访机制

对于坐席当场答复来电或留言的情况，以及法官办理转派工单的质量，特别是热线来电人或网络留言人对于法院诉讼服务的满意度，可以当场测评，也可以事后回访。上海法院 12368 平台的信息系统设置了评价功能。在每通电话结束时，系统会自动播放满意度测评语音提示，当时来电人就可以作出满意或不满意的评价。同时，平台还开发了随机回访软件系统。该软件从承办法官办结的不同种类工单中按一定比例（目前为 30% ~ 100%）自动随机生成回访工单，由各分平台坐席负责在 2 个工作日内完成回访。对各分平台自行办结工单，则由总平台坐席进行随机回访，对总平台自行办结工单，则由后台法官和平台管理办公室进行随机回访。回访情况自动生成查询统计表，可供讲评通报各法院诉讼服务质量和分析坐席工作绩效使用。

（四）后台保障机制

强大的后台是上海法院 12368 平台的保障和支撑。人民群众对

1 参见赵溪主编：《客户服务导论与呼叫中心实务》，清华大学出版社 2013 年版，第 397 ~ 398 页。

热线等公共服务的满意度不仅仅局限于服务态度，还包括服务的质量和公共资源的投入。因此，为前台服务提供强有力的保障十分重要。上海高院高度重视 12368 平台的后台保障机制建设，确保为前台一线提供强大、稳定的后台支持。

1. 建立知识库

“千问千答、万问万答”是上海法院 12368 平台的努力目标。因此，平台必须要有一个完整的、准确的、鲜活的、与时代同步的知识库，为前台提供标准化的解答服务。对知识库中没有的问题，普通坐席一般不提供解答服务，而是转由专业岗位坐席或专业人员答复。

上海法院 12368 平台开通以来，人民群众通过热线来电和网络留言所提出的问题涉及法院工作的方方面面，具有**“需求量多、涉及面广、期望值高”**等特点。有的来电人还对平台坐席或智能机器人的答复内容自行录音以备日后使用。实践中，人民群众的诉讼服务需求不断增长，上海法院 12368 平台的知识库也需要不断更新。为此，《12368 平台暂行规定》规定“高院研究室负责及时更新法律知识库”;《律师平台暂行规定》规定“高院研究室负责及时更新法律法规库和最高人民法院公报案例、指导性案例以及上海高院精品案例等典型案例库”，确保上海法院 12368 平台知识库准确鲜活。

2. 编写使用操作指南

2014 年 7 月，崔亚东院长批示要求“总结平台座席接听来电的处置技能，并在此基础上研究制定全市法院的使用操作指南，以提高服务质量和效果”。为落实崔院长的批示要求，提高平台诉讼服务的规范化、标准化水平，高院立案庭组织 12368 平台的后台法官，以全市法院立案条线原有的“立案程序咨询百问”为基础，从 12368 平台的热线来电和网络留言中整理出群众咨询最多的常见程序性法律问题，根据现行有效法律法规和司法解释，结合上海法院系统的审判执行业务文件，有针对性地编撰了《上海法院 12368 平台座席操作指南》的《诉讼程序咨询——千问千答》分册和《座席操作技能要点提示》分册。无论是指南的总体框架，还是每一条具体规定，都力求满足群众需求，解决具体问题，收到实际成效。每个问题，都应当具有针对性和普遍性，要能够满足群众来电咨询的现实需要；每个答案，都应当具有权威性和准确性，要得到全市法院相关业务条线的普遍认可。高院各相关业务部门领导高度重视，指派专人参与《诉讼程序咨询——千问千答》的内容审定，并且不断修订完善。

▶ 上海法院编写使用平台座席操作指南

为了及时答复处理人民群众提出的一些疑难法律问题，《12368 热线服务细则》第 30 条规定了“疑难解答机制”：建立诉讼服务平台联络员队伍，高院各业务部门确定一名副庭长为所在部门的第一联络员，确定一名审判长为第二联络员，负责对平台疑难问题的及时解答。因此，除了在话务现场值守的后台法官，部门联络员也是上海法院 12368 平台极为重要的“知识库”，两者构成了平台正常运作的重要智力支持。同时，随着坐席业务能力的逐步提高，平台法官和部门联络员的工作量日趋减少，但难度增大，两者的职能定位和责任范围也需要根据新变化作出调整。因此，平台将疑难、重复、异常来电或留言实行问题即时升级，当场转交平台法官以及部门联络员直接办理回复，并将办理答复意见尽快整理成新的诉讼程序问答，经相关业务部门负责人讨论确定无误后，及时充实更新到诉讼程序咨询问答知识库中。各部门联络员还需要及时分析梳理所在业务条线下发的审判业务文件和 12368 咨询工单所涉及的法律咨询问题，主动提出新的诉讼程序问答完善建议。

3. 完善数据库

数据的准确性和完整性直接关系到上海法院 12368 平台的案件查询、联系法官等诉讼服务功能的有效发挥和整个平台的正常运作。如何在遵守保密法律法规并确保数据安全的前提下，通过审判流程信息数据库、执行流程信息数据库、诉调对接信息系统、法官及其助理和书记员的办公电话数据库等系统的信息共享、数据互联互通，将依法应当公开、可以公开的案件审判执行信息，通过热线、网络、移动终端及时、充分公开，既是法院信息技术管理部门的分内职责，也是平台诉讼服务管理机构的日常工作重点。

上海法院将依法可以公开的案件信息整理为53个节点，通过热线、短信推送、短信查询、网络、微信、APP等各种途经，全部公开。这些节点信息，有的是所有社会公众都有权知晓，有的则只限于当事人可以查询；在法院内部，根据前台坐席和后台法官、平台管理人员、院庭领导等不同岗位的不同职责，给予不同级别的查询统计授权。此外，管理平台和处理平台的系统维护、总表统计、退单处置等权限，以及投诉举报类热线来电或网络留言的查询统计等，都需要根据工作岗位职责进行分级授权。下一步，上海高院立案庭与信息处等相关部门将密切配合，坚持问题导向和需求导向，从关键节点和具体细节着手，通过定期的部门联席会议和不定期的随时沟通等多种形式，以分类名称、处理方式、显示内容、呈现方式、数据交换、答复期限“六个一致”为标准，加快完善12368平台相关数据库建设。在实现信息共享的同时，分级规范授权，力争实现根据当事人、代理或辩护律师和社会公众的个性化需求提供方式、途径灵活多样但功能、内容完全一致的便民诉讼服务。

4. 提供专业心理疏导

对于已经按照信访规定终结但仍然多次重复来电和网络留言的信访老户，以及提出重大、疑难、新型诉讼服务需求的当事人或其他诉讼参与人，上海法院12368平台坚持主动联系，提供专业心理疏导，以便提升诉讼服务质效，确保平台正常运行。根据平台工作要求，当来电人或留言人因法律纠纷在上海法院涉诉，要求或需要法院从司法认知、诉讼心理、诉讼常识、纠纷解决方法、心理减压等方面进行劝解疏导时，坐席应制作心理疏导类电子工单，派发给具有心理咨询师专业资质的法官提供心理疏导诉讼服务。同时，平台管理办公室还组织后台法官梳理多次重复的热线来电和网络留言，从中筛选需要进行心理疏导的当事人或委托代理人，并制作心理疏导工单。根据心理疏导类电子工单的要求，具有心理咨询师资格或相应工作能力的法官或平台管理人员，运用心理学原理和方法，帮助来电人或留言人发现自身问题及其根源，从而挖掘来电人或留言人自身的潜在能力，在此基础上改变原有的认知结构和行为模式，以提高来电人或留言人对法院根据司法规律以裁判或调解方式解决法律纠纷的适应能力，并形成相应的理性互动和内心情感认同。

附录：相关制度规定

《上海法院 12368 诉讼服务平台管理暂行规定》

（沪高法〔2013〕40 号，2014 年 1 月 2 日发布实施）

第一条 〔目的〕

为进一步拓展司法便民渠道，深化司法为民举措，提升公正司法能力，规范上海法院 12368 诉讼服务平台的管理和应用，结合上海法院的工作实际，制定本规定。

第二条 〔平台职责〕

上海法院12368诉讼服务平台是集诉讼热线服务、网络在线服务、短信微信服务以及窗口现场服务等多元服务于一体的综合性便民诉讼服务平台。

第三条 〔机构人员〕

高院建立12368诉讼服务平台，设专门管理机构，根据工作需要配备座席员；中基层法院建立诉讼服务分平台，由专人负责此项工作并至少配备2名座席员。

第四条 〔工作原则〕

上海法院12368诉讼服务平台遵循集中受理，分级分类处理，依法规范，及时高效的原则。

第五条 〔工作内容〕

诉讼热线服务，通过拨打12368，提供联系法官、案件查询、诉讼咨询、信访投诉、意见建议、心理疏导、社会评价等服务。

网络在线服务，通过上海法院网“在线诉讼服务平台”，对完成起诉事项的当事人可以凭案件查询密码，进行材料收转、文书送达、办案进度查询、联系法官、网上信访等活动。对社会公众提供网上立案、留言、诉讼程序咨询等诉讼服务。

短信微信服务，通过短信、微信等电子信息技术为当事人提供相关信息告知、诉讼文书送达等诉讼服务。

窗口现场服务，为当事人提供导诉、立案、查询、调解、司法救助、判后答疑、诉讼事务办理、信访接待等诉讼服务。

第六条　〔职能分工〕

上海法院 12368 诉讼服务平台负责全市法院诉讼服务平台事务的日常管理、事项转交、协调督办等工作；中基层法院设立诉讼服务分平台负责本法院的平台事务处理、转办、督办等工作；信息技术部门负责诉讼服务平台的建设、维护，为平台正常高效工作提供技术支持和保障；各业务条线负责平台转交事项的及时处理和案件审判执行流程各节点信息的及时输入；办公室负责及时提供法院工作人员办公电话信息；研究室负责及时更新法律知识库；审判管理办公室、监察室负责对平台转交事项处理情况的考核、督察。

第七条　〔工作流程〕

上海法院 12368 诉讼服务平台采取电话、网络、短信等服务方式，对社会公众或当事人的诉讼服务申请，做到认真答复，及时转处。各分平台和相关部门对转交的事项要及时处理，按规定时限答复，并及时向诉讼服务平台反馈。

对涉及多个承办法院或部门职责的事项，诉讼服务平台应当确定有权处理的部门，并明确牵头承办单位及协办单位。

重大、疑难、复杂的事项或者经协调有关单位仍存在办理困难的，由诉讼服务平台通过专报等方式报请院领导批办后，落实承办单位。

第八条　〔工作要求〕

平台、分平台及各相关部门要各司其职，按规定做好职责范围内的工作，加强协作配合，形成工作合力，提升法院整体服务水平，不得相互推诿、扯皮。

第九条 〔协调机制〕

高院建立诉讼服务平台协调委员会，由监察室、审管办、信息处、办公室、研究室、立案庭、信访办等部门领导组成，诉讼服务平台的分管院长为召集人，负责疑难、复杂事项的协调和违规事项的追责处理。

第十条 〔监督管理〕

承办法院或部门在办理诉讼服务平台转交事项的过程中，有下列情形之一的，由诉讼服务平台责令改正；情节严重的，予以通报；造成一定后果的，经诉讼服务平台协调委员会研究决定启动相应的追责程序：

（一）属法定职权范围内事项未受理或者互相推诿的；

（二）未在规定期限内联系、答复来电人或者办结的；

（三）未在规定期限内将办理情况反馈诉讼服务平台的；

（四）其他应予追责的情形。

第十一条 〔解释机构〕

本规定由上海市高级人民法院负责解释。

第十二条 〔施行时间〕

本规定自发布之日起实施。

《上海法院12368诉讼服务平台热线工作实施细则》

（沪高法〔2013〕40号，2014年1月2日发布实施）

第一章　总则

第一条　〔目的〕

为进一步强化司法为民意识，提升诉讼服务水平，做好12368诉讼服务平台热线（以下简称12368热线）工作，根据《上海法院12368诉讼服务平台管理暂行规定》，结合工作实际，制定本实施细则。

第二条　〔工作原则〕

12368热线工作坚持依法规范，集中接听，来电必登，分级分类处理，及时高效和方便群众的原则。

第三条　〔服务时间〕

12368热线接听时间为每个工作日工作时间，其他时间提供自助语音服务。

第四条　〔工作职能〕

12368热线为当事人提供联系法官、案件查询、诉讼咨询、信访投诉、意见建议、心理疏导等诉讼服务，并具备社会评价、督察考核等功能。

第五条　〔工作要求〕

12368热线根据来电必登的原则，及时登录来电人姓名、反映的事项、联系方式等相关信息，并根据事项的不同，分类登记。

第二章　受 理

第六条　〔联系法官〕

帮助当事人、代理人以及其他诉讼参与人通过电话联系立案法官、审理法官、执行法官或提供留言服务。

第七条　〔案件查询〕

提供包括案件受理与否、案号、案件审理或执行进程、开庭日期、承办法官、工作电话、诉讼材料送达情况等依法可予公开信息的查询。

第八条　〔诉讼咨询〕

提供包括各级法院案件管辖规定、立案条件、诉讼费收费规定、审理期限、司法救助等常见程序性法律问题的咨询。

第九条　〔信访投诉〕

接听并记录各类信访投诉，将有关信访投诉反映的记录分别转涉诉信访和纪检监察信访处理。

第十条　〔意见建议〕

接听并记录当事人或社会公众对法院或法官提出的意见、建议、表扬等，定期汇总形成专报，供领导参考和改进工作使用，对价值重大的意见建议进行反馈和感谢。

第十一条　〔心理疏导〕

由心理咨询师对相关来电人进行释明解惑，在司法认知、诉讼心理、诉讼常识、纠纷解决方法、心理减压等方面开展疏导。

第十二条　〔社会评价〕

根据来电评价、建议意见、投诉信访等信息定期对全市各法院和相关部门进行社会满意度评价。

第十三条 〔督察考核〕

根据来电评价、建议意见、投诉信访以及来电事项及时处理情况进行实时分析，定期形成各法院、各部门、各位干警的工作数据并进行反馈。

第三章 办理

第十四条 〔办理方式〕

1. 直接答复。对来电人由座席员当场直接答复。

2. 研究答复。座席员难以直接答复的，由诉讼服务平台法官研究确定后回复来电人。

3. 转交处理。对平台研究后难以确定的，转交相关部门或相关法院研究确定后回复；属于分平台处理事项的转分平台处理。

第十五条 〔联系法官的办理〕

平台告知来电人法官的联系方式，如其愿意可自行联系；如来电人反映联系不上法官，由平台协助联系或转分平台联系；分平台联系不上法官，则记录来电人留言，通过法院综合管理信息平台予以提示，提醒法官及时回复来电人。

第十六条 〔查询事项的办理〕

对公开信息情况的查询，来电人查询时无须密码，由座席员根据网上公开的信息直接答复。

对未在网上公开的而当事人又确需知道的案件审理信息，来电人应通过密码验证后，由座席员根据信息库中信息直接答复。

第十七条 〔咨询事项的办理〕

对各类案件的受理条件、各级法院案件管辖规定、诉讼收费规定、审理期限、司法救助条件等程序性诉讼咨询问题，根据信息库中相关信息直接答复。

信息库中没有的其他程序性诉讼问题，由平台研究后答复。

对疑难复杂问题或带有共性问题的诉讼咨询，平台难以确定的，转交相关法院或部门研究后答复。

第十八条 〔信访事项的办理〕

对涉诉信访事项，转高院信访部门处理并答复来电人。

第十九条 〔投诉事项的办理〕

对涉及法院工作人员工作作风、服务态度、违纪违法行为等涉纪检监察问题的投诉，平台应认真记录，按属地管辖、层次管理、分级负责的原则，转相关法院分平台。各法院分平台接到投诉，应将记录内容转本院监察室按纪检信访办理规定处理并答复投诉人。

对各级法院院级领导的投诉，转高院纪检信访室按照办信规则处理。

对 12368 热线工作的投诉，由诉讼服务平台自行调查处理并答复投诉人。

第二十条 〔意见建议的办理〕

对涉及本市法院工作的意见、建议，诉讼服务平台转交有权处理的承办法院或部门，由承办单位依法处理并回复来电人。

来电人反映的情况重要，提出的意见建议对加强本市法院建设及改进工作价值重大，承办法院或部门应予以总结并抄送诉讼服务平台。

第二十一条 〔心理疏导的办理〕

对司法认知明显有误的反复来电人，根据来电反映的情况和所反映的对象法院，从全市法院的法官心理咨询师库中选择合适的咨询师开展心理疏导，并记录相关内容。

第二十二条 〔平台办理时限〕

除座席员直接答复的事项外，对转交处理的事项，诉讼服务平台在 2 小时内向分平台或承办部门、承办人派发电子工单。

分平台收到电子工单应即时派发承办部门、承办人或按转交事项的办理时限要求自行办结。

第二十三条 〔转交事项办理时限〕

办理诉讼服务平台转交事项的时限要求如下：

（一）联系法官事项。法官应认真、即时接听 12368 转接的当事人来电并作出相应处理。法官未能直接接听的，在收到电子工单之日起 1 个工作日内回复；

（二）查询、咨询类事项，一般当场予以答复；不能当场答复的，承办人在收到电子工单之日起 2 个工作日内回复；

（三）疑难复杂的咨询、建议意见、信访投诉等事项，承办人在收到电子工单之日起 5 个工作日内回复；

（四）心理疏导一般预约办理，根据情况也可当场转接。

第二十四条 〔重复来电〕

已由诉讼服务平台受理，尚在承办期限内的重复来电，座席员耐心做好解释工作，并视情催办。

第二十五条 〔异常来电〕

对异常情形来电，诉讼服务平台视情上报，并进行简化处理。

第二十六条 〔涉及多单位、疑难事项处理〕

来电人反映的事项涉及多个法院或部门的，诉讼服务平台应当确定牵头承办单位和协办单位。平台难以确定处理部门的，由平台协调委员会研究决定。

第二十七条 〔办结标准〕

办结诉讼服务平台转交事项的标准如下：

（一）来电人诉求概括齐全；

（二）办理意见合法公正；

（三）回复解答明确到位；

（四）未发生其他负面影响。

第二十八条 〔答复和反馈〕

对诉讼服务平台转交的事项，承办法院或部门办理完毕后，应当在规定时限内，通过电话、短信、书面等形式答复来电人，同时将办理结果反馈诉讼服务平台。

第四章　机制

第二十九条 〔疑难解答机制〕

建立诉讼服务平台联络员队伍，高院各业务部门确定一名副庭长为所在部门的第一联络员，确定一名审判长为第二联络员，负责对平台疑难问题的及时解答。

第三十条 〔检查督办机制〕

各业务部门主要负责人为本部门12368诉讼服务平台工作的第一责任人，应当做好及时组织、协调工作，加强检查、督办本部门的诉讼服务平台转交事项办理工作。

第三十一条 〔督察考核机制〕

平台对承办法院、承办部门、承办人办理转交事项的工作情况定期汇总分析，由审判管理部门进行考核。对未在规定时限内处理、回复来电人或未向诉讼服务平台反馈信息的，可由诉讼服务平台责令改正；情节严重的，予以通报。

第五章 附则

第三十二条 〔解释机构〕

本规定由上海市高级人民法院负责解释。

第三十三条 〔施行时间〕

本细则自发布之日起实施。

《上海法院律师服务平台管理暂行规定》

（沪高法〔2015〕226号，2015年7月1日发布实施）

第一条 【制定目的】

为贯彻落实十八届三中、四中全会精神，进一步规范“律师服务平台”（以下简称律师平台）的管理和使用，依法保障律师执业权利，构建开放、动态、透明、便民的阳光司法机制，推进“阳光司法、透明法院”建设，结合上海法院工作实际，制定本规定。

第二条 【平台功能】

律师平台的功能是通过网络方式，为依法保障律师执业权利提供便利条件，营造良好的律师执业工作环境。

第三条 【机构人员】

立案庭负责律师平台的日常管理、事项转交、协调督办等工作，根据工作需要配备座席和管理人员。

第四条 【服务对象】

律师平台的服务对象为依法取得律师执业证书、通过司法行政部门年度考核且接受诉讼当事人委托或经依法指定，担任案件代理人或辩护人的执业律师。

第五条 【工作原则】

律师平台的管理和使用，遵循依法规范、优质高效、公开透明、信息安全的工作原则。

第六条 【服务方式】

律师可以通过 PC 互联网、移动互联网等方式提出诉讼服务需求，法院办理回复应综合使用上海法院内网、公务电子邮箱、12368 热线、办公电话、12368 短信、公务保密手机 APP 和诉讼服务大厅面谈等多种方式。

第七条 【服务内容】

律师平台提供网上立案、网上办理、网上沟通、网上辅助等诉讼服务。

1. 网上立案。律师通过平台向法院提交起诉状或执行申请书及相关案件材料，立案法官在线办理。符合条件的，依法登记立案并告知案号。诉讼费用通过网上缴费系统预交。网上立案的操作规则由高院立案庭另行制定。

2. 网上办理。网上办理包括网上申请、递交材料、网上阅卷、网上送达、网上证据交换、网上调解等。

（1）网上申请。律师通过平台提出延期开庭、延长举证期限、调查证据、调查令、诉讼保全、撤回起诉等程序性申请，法官在线审查决定是否准许。

（2）递交材料。律师通过平台递交答辩状、代理词、辩护词、质证意见、诉讼证据等案件材料，法官在线签收。

（3）网上阅卷。律师通过平台提出阅卷申请，法院在线审查。符合条件的，准许律师按照相关规定在线查阅、下载或打印。网上阅卷的操作规则由高院办公室另行制定。

（4）网上送达。律师确认同意采用电子方式送达的，法官可以通过平台向律师送达案件受理通知书、应诉通知书、缴纳诉讼费用通知、开庭传票、出庭通知等诉讼文书，律师在线签收。

（5）网上证据交换、网上调解。该两类诉讼服务由律师申请或法官发起，通过律师平台，由法院提供视频链接登录地址，在诉讼法律关系各方主体同意后预约特定时间进行。

3. 网上沟通。律师可以通过平台联系法官、反映意见或提出其他建议。其中，反映法律适用不统一问题，由平台根据《上海法院关于进一步加强和规范法律适用统一工作的若干规定》交职能部门处理。

4. 网上辅助。律师平台提供开庭排期自动避让、案件节点信息主动推送和法律法规、审判业务文件、典型案例、诉讼文书格式文本、诉讼指南查阅下载等服务辅助律师办案。

第八条 【职责分工】

1. 高院立案庭12368诉讼服务平台管理办公室负责全市法院律师平台的日常管理、事项转交、协调督办等工作。

2. 各中级和基层法院12368诉讼服务分平台负责本院律师平台的事务处理、转办、督办等工作。

3. 各业务庭负责选择确定在律师平台发布的审判业务文件和诉讼文书格式文本，及时输入案件办理流程节点信息和其他相关事项的处理。

4. 审判管理办公室负责督促相关业务庭对法律适用不统一问题作出及时处理，根据相关业务庭授权统一发布并及时更新审判业务文件和诉讼文书格式文本。

5. 研究室负责及时更新法律法规库和最高人民法院公报案例、指导性案例以及上海高院精品案例等典型案例库。

6. 办公室负责在线审查网上阅卷申请，及时更新法院地址、邮编和办公电话等。

7. 信息技术部门负责数据交换、技术支持和信息安全保障。

8. 监察室审务督察部门负责督察平台各项服务工作落实情况。

第九条 【工作流程】

律师通过平台提出诉讼服务需求后，信息技术部门及时将数据导入审判、执行、信访、电子档案等法院内网管理系统，并采用12368 短信通知、法官工作界面提示、法院内网飘窗等方式提醒责任部门、承办人及时办理。

对即将超期工单，各法院 12368 诉讼服务分平台确定专人负责通过电话、短信等方式督促催办；逾期未办理的，定期通报。对涉及多个法院或部门协同办理的事项，12368 诉讼服务平台应当确定牵头法院或部门，并明确协办法院或部门。重大、疑难、复杂事项或者经协调有关单位仍存在办理困难的，由律师平台联席会议协调处理。

平台服务事项完成后，信息技术部门负责将处理结果由内网导入律师平台，并发送 12368 短信通知相关律师。

第十条 【办理时限】

1. 即时推送：案件关键节点信息、开庭排期自动避让、诉讼指南、审判业务文件、法律法规、典型案例、诉讼文书格式文本等。

2. 1 个工作日答复：联系法官。

3. 2 个工作日答复或签收：延期开庭、延长举证期限、调查收集证据、调查令、诉讼保全、撤回起诉等网上申请，在线递交答辩状、代理词、辩护词、质证意见、诉讼证据等案件材料，投诉、意见、建议等网上沟通。

4. 5 个工作日答复办理意见或告知办理进程：网上立案、网上阅卷、网上证据交换、网上调解、法律适用不统一反映。

第十一条 【协调机制】

高院建立律师平台联席会议制度，成员由监察室、审管办、办公室、研究室、信息处、立案庭、信访办等部门负责人组成，立案庭的分管院长为召集人，负责协调重大、疑难、复杂事项和违规事项的追责处理。

第十二条 【监督管理】

有关法院或部门在办理律师平台转交事项的过程中，存在下列情形之一的，由高院立案庭或各法院立案庭责令改正；情节严重的，予以通报；造成一定后果的，由各相关职能部门提出意见，经律师平台联席会议研究后，依照岗位目标管理相关规定处理。

1. 属法定职责范围内事项未受理或者互相推诿的；

2. 未在规定期限内联系、答复律师或者办结工单的；

3. 未在规定期限内按各职能部门要求反馈、上报办理情况的；

4. 其他应予追责的情形。

第十三条 【信息安全】

律师平台采取身份认证、行为全程监控、技术防护等安全措施，确保平台登录、信息交换、信息利用安全可靠。

第十四条 【适用范围】

本规定适用于全市各级法院。

第十五条 【解释主体】

本规定由上海市高级人民法院立案庭负责解释。

第十六条 【施行时间】

本规定自发布之日起实施。

第三章

上海法院 12368 诉讼服务平台的建设成效

习近平总书记指出，司法体制改革必须为了人民、依靠人民、造福人民。司法体制改革成效如何，说一千道一万，要由人民来评判，归根到底要看司法公信力是不是提高了。[1]

一、上海法院 12368 诉讼服务平台的运行情况

（一）诉讼服务总量

2014 年 1 月 ~ 2017 年 12 月，上海法院 12368 平台提供各类诉讼服务 562.42 万次，年均 140.61 万次。其中，人工服务 97.86 万

1　参见习近平总书记 2015 年 3 月 24 日在中共中央政治局就深化司法体制改革、保证司法公正进行第二十一次集体学习时的重要讲话。

件，年均 24.47 万次；智能服务 464.56 万次，年均 116.14 万次（详见本章附表）。

（二）诉讼服务的主要类型

各项人工服务中，群众使用最多的为四类，依次是案件查询、联系法官、网上立案、诉讼咨询，合计占总使用率的 93.55%。

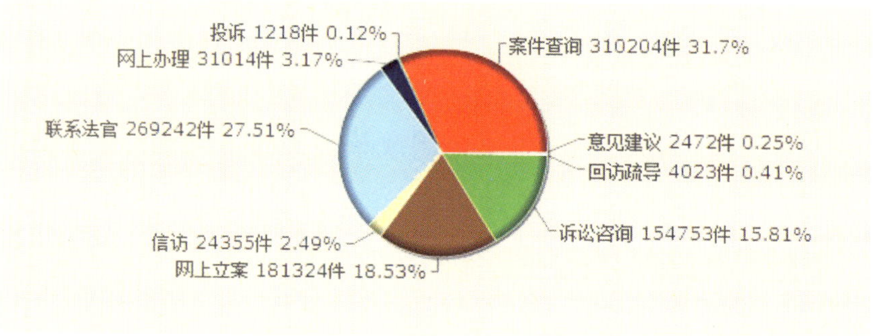

▶ 人工服务功能占比（2014 年 1 月 2 日至 2017 年 12 月 3 日）共 978605 件

各项智能服务中，案件节点信息短信自动推送 351.93 万条，占 75.46%，其中涉及执行、民事、商事、立案四类短信占 82.73%；关联案件信息智能推送 54.91 万件，占 11.82%；案件信息智能查询 43.67 万次，占 9.40%。

（三）诉讼服务的主要方式

上海法院 12368 平台提供诉讼服务的主要方式是人工服务和智能服务。从服务总量来看，人工服务与智能服务量的比例为 1 : 5。人工智能应用于诉讼服务，大大节约了人力资源。即使是对法律专业要求较高的诉讼咨询，智能平台通过深度学习，亦能应对自如。上海法院 12368 智能平台自 2017 年 5 月开通至 2017 年 12 月，提供智能服务 3.32 万次。同期，18 名坐席提供诉讼咨询人工服务 2.96 万次。由此可见，智能服务的前景大为可观。

平台的智能服务主要通过互联网、人工智能等方式实现，热线则是传统的人工接电方式。随着科技发展，人们选择通过网络提供诉讼服务的数量大增。例如，2015 年 1 月上海法院律师服务平台开通之后，律师网上立案和当事人网上预约立案两类服务占比增速迅猛。2015 ~ 2017 年，网上立案和网上预约立案服务分别为 1.76 万件、4.96 万件、11.32 万件，年度增幅分别为 182%、128%。

（四）热线来电的答复情况

2014 年 1 月 ~ 2017 年 12 月，热线人工接电共计 70.23 万件。其中，派发给法官办理的工单 6.44 万件，占全部来电的 9.17%。其余来电全部由平台坐席当场答复办结。其中，总平台坐席当场答复办结 51.36 万件，占接电总数的 73.13%；分平台坐席答复办结 12.43 万件，占接电总数的 17.69%。也就是说，群众来电找法院或法官，平均每 100 个电话中，有 73 个电话由上海高院总平台坐席当场办理答复，18 个电话由上海高院转给各法院分平台坐席办理答复，只有 9 个电话需要转交法官或其助理、书记员答复办理。在电子工单的办结方式中，电话沟通占 79%，回复短信占 19%，约谈占 2%。

实践证明，上海法院 12368 平台建设之初，许多人担心法官负担会因此而大量增加的情况没有发生。平台运行数据表明，上海法院 12368 平台不仅方便了群众诉讼，而且提高了工作效率，减轻了法官的负担，有利于法官集中时间精力专心办案。

（五）诉讼服务所涉业务类型分析

平台诉讼服务所涉业务类型以民商事和执行为主，集中于办案一线部门。据抽样统计，各业务条线所涉热线来电和网络留言占比分别为：民事与商事合计占 46%（包括法庭 6%），执行占 35%，立案（包括诉调对接和诉讼服务）占 9%，刑事占 6%，申诉占 3%，行政占 1%。此外，信息技术、纪检监察、审管、审监等部门也有少量留言和来电提出诉讼服务需求。

附：

表 1　上海法院 12368 平台运行情况统计

（2014 年 1 月～2017 年 12 月）

人工服务	978587 件
智能服务	4651280 次

表 2 人工服务 978593 件工单的构成与占比

（2014 年 1 月～2017 年 12 月）

功能种类	子平台	具体项目	小计	合计（占比）
联系法官	热线	问询进展	245366	269242（27.51%）
		督促催办		
		材料查收		
		反映情况		
		联系方式		
		其他		
	律师	联系法官	3837	
	当事人	联系法官	13828	
	微信 APP	联系法官	6211	
诉讼咨询	热线	诉讼咨询	144517	154759（15.81%）
	公众	诉讼咨询	10242	
案件查询	热线	服务密码	14729	310204（31.7%）
		立案情况	38625	
		案件进展	102279	
		其他	154571	
意见建议	热线	意见建议	1637	2472（0.25%）
	律师	我要表扬	753	
		我要建议		
		法律适用统一		
	微信 APP	意见建议	82	

续表

功能种类	子平台	具体项目	小计	合计（占比）
信访	热线	信访	5566	24359（2.50%）
	当事人	网上信访	18785	
	微信 APP	信访	8	
投诉	热线	投诉	716	1218（0.12%）
	律师	我要投诉	302	
	微信 APP	投诉	200	
回访疏导	热线	分平台回访	3867	3991（0.41%）
		总平台回访	74	
		心理疏导	50	
网上立案	律师	网上直接立案	150958	181327（18.53%）
		网上预约立案		
	当事人	网上直接立案	30369	
		网上预约立案		
网上办理	律师	材料递交	24113	31021（3.17%）
		核实代理信息		
		提交代理词		
		延期开庭		
		诉讼保全		
		调查令		
		网上阅卷		
		网上调解		
		网上证据交换		
		网上送达		
	当事人	网上预约阅卷	6908	
		网上材料递交		

表 3 智能服务 4651280 次的构成与占比

功能种类	子平台	具体项目	小计	合计（占比）
人工智能诉讼咨询	热线	诉讼咨询	61864	85515（1.84%）
网络咨询智能服务	律师	诉讼文本下载	23631	
		诉讼指南		
		典型案例		
		调取法律法规		
		审判业务文件		
	微信 APP	诉讼咨询	20	
案件信息查询智能服务	热线	案件查询	10299	436636（9.39%）
	律师	案件查询	294409	
	当事人	案件查询	38342	
	短信	服务密码	55851	
		案件进度		
	微信	案件查询	29827	
	APP	案件查询	7908	
法院信息查询 智能服务	热线	法院信息	34816	47232（1.02%）
	微信 APP	了解法院	12416	
联系法官智能服务	热线	联系法官	3708	3708（0.08%）
	机器人	联系法官	各院保存	
意见建议智能服务	热线	意见建议	1987	1987（0.04%）

续表

<table>
<tr><th>功能种类</th><th>子平台</th><th>具体项目</th><th>小计</th><th>合计（占比）</th></tr>
<tr><td>开庭排期智能避让</td><td rowspan="2">律师</td><td>开庭排期自动避让数</td><td>7737</td><td>7737（0.17%）</td></tr>
<tr><td>关联案件智能推送</td><td>关联案件推送数</td><td>549119</td><td>549119（11.81%）</td></tr>
<tr><td>立案登记信息短信推送</td><td colspan="3">675215</td><td>14.51%</td></tr>
<tr><td>刑事案件信息短信推送</td><td colspan="3">13261</td><td>0.29%</td></tr>
<tr><td>行政案件信息短信推送</td><td colspan="3">31509</td><td>0.68%</td></tr>
<tr><td>民事案件信息短信推送</td><td colspan="3">615363</td><td>13.22%</td></tr>
<tr><td>商事案件信息短信推送</td><td colspan="3">405863</td><td>8.72%</td></tr>
<tr><td>执行案件信息短信推送</td><td colspan="3">1214834</td><td>26.12%</td></tr>
<tr><td>其他案件信息短信推送</td><td colspan="3">563301</td><td>12.11%</td></tr>
</table>

二、上海法院 12368 诉讼服务平台的建设收获

（一）诉讼难题得到破解，人民群众感觉更加满意

习近平总书记指出，要坚持司法为民，改进司法工作作风，通过热情服务，切实解决好老百姓打官司难问题。[1]

上海高院贯彻司法为民宗旨，坚持问题导向，顶住压力，以解决人民群众反映突出的“联系法官难”“案件查询难”“诉讼

1　参见习近平总书记 2013 年 2 月 23 日在中共中央政治局第四次集体学习时的重要讲话。

咨询难”等问题作为突破口，敢于担当，不怕困难，敢啃硬骨头，切实解决老百姓打官司难问题，减轻群众的“诉累、问累、跑累”。

上海法院 12368 平台开通 4 年来，累计提供各类诉讼服务 560 多万次，平均每个工作日提供服务 5000 次左右。真正做到了让当事人打得通电话、找得到法官、问得清情况、等得到回复。实实在在地解决了“联系法官难”“案件查询难”“诉讼咨询难”等人民群众反映了多年的诉讼难题（顽症）。正如习近平总书记指出的那样，做成了想了很多年、讲了很多年但没有做成的改革，[1] 以实际行动践行了司法为民宗旨。人民群众对上海法院 12368 平台服务的满意率达 99.9%，对法院处理结果的满意率达 95.3%[2]。

（二）人民群众诉讼便捷，司法更加公开透明

通过上海法院 12368 平台提供司法公开服务，实现了全程留痕、全程可视、全程可查、全程规范。除了每天 1000 多人次热情的坐席人工服务之外，平台还依托人工智能技术和互联网技术提供了诉讼智能咨询、案件智能查询和网上立案、网上办理、诉讼程序

1　参见习近平总书记 2017 年 7 月 9 日在全国司法体制改革推进会上的重要指示。

2　值得注意的是，上海法院 12368 平台运行数据表明，律师对法院诉讼服务特别满意，已经成为理性接受法院诉讼服务的重要主体。例如，律师通过各种渠道感谢法院专门开通律师服务平台，特别是网上立案等服务，为律师节省了往返法院的时间精力投入和经济开支，深受欢迎。在 12368 热线方面，律师来电呈持续递增趋势。热线来电次数最多前 100 个电话号码中，律师事务所座机占 99 名，而且律师基本没有就同一需求重复来电。律师来电主要类型是案件查询、联系法官和法律咨询，分别占比 48%、42%、10%；信访和投诉类来电分别占比为 0.05%、0.02%，远远低于普通群众来电中的信访占比 2.49% 和投诉占比 0.12%。

重要节点短信推送、关联案件信息智能推送、开通排期时间冲突智能避让等诉讼服务，平均每天多达4000余人次，而且不受申请服务人数和次数限制，不受节假日、工作时间因素影响。无论是电话服务，还是网络服务，都让人民群众足不出户，就可以方便高效地办理各类诉讼事务、及时知晓诉讼进展，**司法更加公开透明，正义以看得见的方式实现**。

在回访中，人民群众普遍反映：上海法院12368平台的查询联系方式多，选择起来很方便，各项诉讼服务功能实用、好用、管用。与法官沟通联系更加顺畅、高效便捷，法官工作责任心强，态度和蔼、工作耐心。人民群众对上海法院12368平台的诉讼服务满意率达99%。

（三）司法作风明显好转，主动接受监督意识增强

上海法院12368平台设置的意见建议、投诉举报等功能开辟了人民群众表达意见建议、对法院工作和法官行为实施有效监督的新渠道。特别是12368热线设置了“4号键”专门用于违纪举报，并安排专门坐席根据保密规定接听处理，免除了举报人担心泄密、害怕报复等后顾之忧。[1]

上海法院12368平台开通4年来，共接受群众投诉1200余次，意见建议2400余条，均按要求当场答复或限期答复、归类分流处

1　为严格遵守监察举报的保密规定，平台对举报类来电描述等信息建立单独数据库，通话录音也由监察部门单独保管，单独统计，不列入12368来电总类，并将查阅、统计等权限严格限制在三级法院监察职能部门指定人员范围内。

理，对涉及 6 类问题的 800 余条意见建议予以采纳。[1] 通过意见建议的办理，法院干警主动接受监督意识增强，服务群众能力水平进一步提高，司法作风明显好转。

（四）司法公信明显提升，人民群众获得感增强

由于司法更加公开透明，群众监督渠道更加畅通，诉讼服务成为常态，司法作风及能力水平不断提升，虽然上海法院受理案件逐年上升，诉讼服务数量也迅速增多，但是司法公信力却大幅提升，人民群众获得感不断增强。

2013 ~ 2017 年，上海全市法院共受理各类案件 317.84 万件，审结 314.79.45 万件，同比分别上升 54.3% 和 52.7%，年均增长 13.4%。与此同时，12368 热线的来电量试运行时日均几十个电话，至 2014 年 1 月正式开通后第 1 季度日均 200 多个电话，至 2017 年第四季度日均 1000 多个电话；网上立案申请数量年均增幅超过 100%；涉案重要信息短信推送由 2013 年时月均 1000 多条增加到 2017 年月均 10 多万条。但是，12368 平台收到群众投诉 4 年共计 1218 次，年度分布为：2014 年 580 次占比 0.5%，2015 年 214 次占比 0.1%，2016 年 268 次占比 0.1%，2017 年 156 次占比 0.04%。无论是投诉总次数，还是服务类型占比，均呈逐月、逐年下降趋势。

1 通过热线、网络、微信等方式提出的意见建议，内容主要涉及技术改进、方式优化、水平提高、人员增加等方面。在投诉举报类来电和留言中，不服裁判占 46%，投诉态度作风占 35%，其他占 19%。

三、上海法院 12368 诉讼服务平台受到各方赞誉

（一）服务群众的“名片”：代表委员评价 12368

上海法院 12368 平台开通以来，多次接待人大代表和政协委员视察。代表委员们反映认为，上海法院司法便民利民为民举措扎实，特别是 12368 平台、律师服务平台和诉讼服务中心，极大地方便了群众诉讼，方便了律师执业，创造了可复制可推广的经验，成为上海法院服务群众诉讼的三张“亮丽名片”[1]。

（二）枫桥经验的升华：社会各界评价 12368

上海法院 12368 平台的建立，引起了社会的高度关注。上海高院通过“法院公众开放日”等活动，4 年来接待普通市民、社区代表、专家学者、高校学生等社会各界人士 280 多批 3900 多人次到上海法院 12368 平台参观、考察，均对平台服务给予了极高的赞扬。例如，《人民法院报》记者采访上海财经大学法学院教授、博

1　2013 ~ 2017 年，上海法院向市人大常委会专题报告法院《刑事诉讼法》《民事诉讼法》实施、司法体制改革、破解执行难等工作情况，积极配合市人大常委会专项调研、集中视察等活动 113 场，向各级人大常委会专题汇报 190 次。上海法院主动向市政协通报法院工作，邀请政协委员旁听庭审、视察法院工作，通过走访、座谈等方式听取意见和建议。市政协委员提出的 76 件提案已全部办结。上海法院开展人大代表、政协委员、特邀监督员、咨询员“走进法院”活动，共视察调研司法体制改革、立案登记制实施、现场参与见证执行等 1.1 万人次。

▶ 2016 年 9 月，来自山西、安徽、广东、广西、河南 5 省的 28 位全国人大代表开展了对上海法院为期 4 天的视察工作。图为代表们视察上海法院 12368 平台，对平台给予高度赞扬。最高人民法院副院长李少平、上海高院院长崔亚东陪同

▶ 2016 年 8 月 8 日，上海市政协委员视察上海法院 12368 平台。上海高院副院长陈亚娟陪同

士生导师王福华时，王福华教授对记者说："上海法院 12368 平台实现了诉讼服务的集约化、标准化、规范化，探索出丰富的实践经

验，各类诉讼服务的数据充分说明了这是一条值得民众期待的创新之路。”[1]

市民普遍反映，打官司是个麻烦事，许多人害怕打官司。上海法院针对联系法官难、案件查询难、诉讼咨询难等问题，不掩盖、不回避，建立了上海法院 12368 平台、律师服务平台等，真正做到了**“把方便让给群众、把困难留给自己”**。平台提供全天候免费服务，具有实时推送案件信息、联系法官、案件查询、诉讼咨询等功能，全程公开、接受监督，联系方便、沟通顺畅，问有所答、限期办理，消除了人民群众对法院的神秘感，拉近了人民群众与法院之间的距离，使老百姓感受到法院随时都在人民群众的身边，公平正义看得见、摸得着。虽然给法院增加了压力，给法官增加了麻烦，但给老百姓带来了便利、消除了烦恼。

▶ 在法院开放日，公众参观上海法院 12368 平台

1 卫建萍等：《上海法院 12368 平台：服务一站式 便民立体化》，载《人民法院报》2016 年 2 月 16 日，第 1 版。

著名艺术家李扬曾经为人民群众耳熟能详的《莫斯科保卫战》《西游记》《米老鼠和唐老鸭》等电影、电视剧、动画片配音。他在参观上海法院 12368 平台后留言称赞：“**12368 是新时期枫桥经验的升华。**”[1]

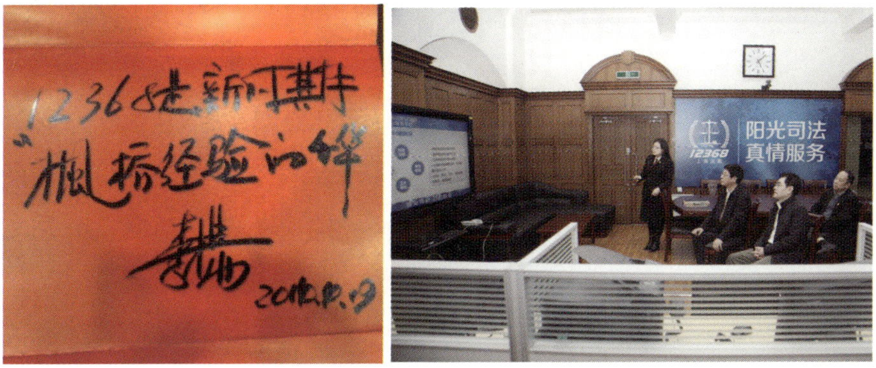

▶ 著名艺术家、全国人大代表李扬参观上海法院 12368 并留言

（三）司法为民的连心线：当事人评价 12368

上海法院 12368 平台开通 4 年来，不断收到当事人表扬类来电、来信、留言。有三个明显特点：**一是**表扬人主要是普通诉讼当事人，包括一些信访老户。例如，九旬老人陈女士亲笔写信表扬上

1　“枫桥经验”的核心要义是为了群众、依靠群众。2018 年是毛泽东同志批示学习推广“枫桥经验”55 周年，是习近平总书记指示坚持发展“枫桥经验”15 周年。

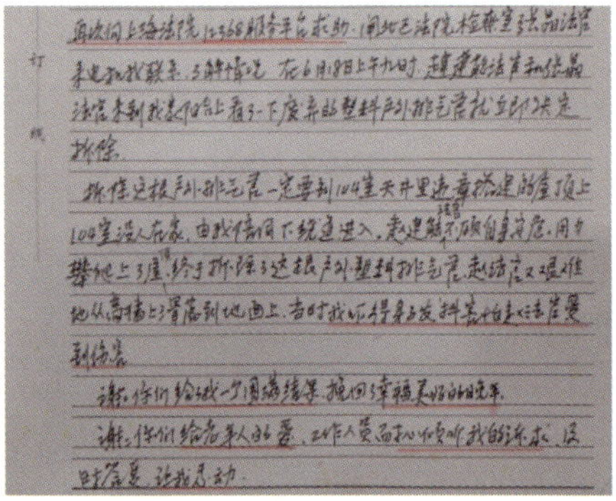
谢谢你们给我一个圆满结果，挽回了幸福美好的晚年。
谢谢你们给老年人的爱，工作人员耐心倾听我的诉求，及时答复，让我感动。

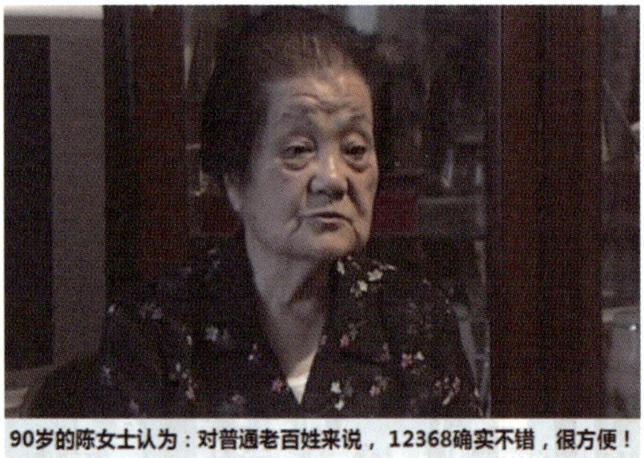

▶ 九旬老人陈女士亲笔来信表扬上海法院 12368 平台

海法院 12368 平台和办理工单的闸北区人民法院。[1] **二是**被表扬对象涉及面广。既有承办法官、书记员，也有平台坐席员等。例如，薛律师留言表扬“徐汇法院周薇法官在案件证据的审查判断上体现了高超的职业技巧，是一名值得尊重的法官”；**三是**被表扬内容涉及法院各个方面。既有裁判公正、调解耐心、执行高效，也有态度和蔼、作风文明、技术先进等。**一位当事人来电称“12368 是新时期司法为民的连心线”**。

1 2014 年 6 ~ 7 月，89 岁的陈女士十多次专门来电，并亲笔来信感谢上海法院 12368 平台和闸北区人民法院。老人是一起相邻纠纷的当事人。由于邻居安装的抽油烟机户外排气管排放废气，老人的阳台窗户关闭一年多不能打开。特别是冬天无法直接晒到太阳让老人非常痛苦，双方为此多次发生吵闹辱骂。在拨打其他热线求助无果后，老人从社区《老年报》得知 12368 具有法律咨询和联系法官等功能并开始拨打。通过咨询，老人在 3 个月内顺利完成了立案、庭审、判决、申请执行等全部法律程序。由于被执行人迟迟未全部履行义务，老人再次拨打 12368 热线求助。接到平台工单后，闸北区人民法院纪检组长赵建能带队到执行现场，拆除抽油烟机户外排气管。老人关闭了 1 年多的阳台窗户再次打开，晚年后顾之忧彻底解除。老人多次打来电话表示感谢，还于6月21日亲笔给平台写信：“谢谢你们给了我一个圆满结果，挽回了幸福美好的晚年。谢谢你们给老年人的爱，工作人员耐心细致倾听我的诉求，及时答复，让我感动。谢谢你们给弱势群体老年人讨回公道，给老年人的维权有了保障。这次圆满结果让我安睡到天亮，让我终生难忘。”

（四）贴民情、顺民意的民心桥：专业律师评价12368

上海高院党组一直高度重视律师诉讼权利保障工作。[1] 自上海法院12368平台开通以来，律师使用频率较高，占全部人工服务总数20%以上，所有来电工单全部按期办结，无一件工单超期。服务类型包括：案件查询占70%，联系法官占20%、诉讼咨询占5%。律师还通过平台提出许多有益的意见建议，内容涉及裁判标准统一、系统技术改进等，对改进法院工作、促进平台建设有很大帮助。上海电视台报采访时任上海市律师协会会长盛雷鸣时，盛雷鸣认为："12368平台的推出是上海法院落实司法为民的又一重大举措。"

在完善上海法院12368平台网络诉讼服务的基础上，2015年1月5日，上海高院在全国率先开通了"上海法院律师服务平台"，为律师提供网上立案、网上办理、网上沟通、网上缴费等20多项诉讼服务。制定了《上海法院律师服务平台管理暂行规定》，规范服务，提高效率。对此，上海市律师协会副会长黄绮评价：**"律师服务平台是上海高院专门为律师量身定做的一座贴民情、顺民意的民心桥，方便了律师依法行使诉讼代理辩护权利，让律师们感到执业环境越来越好。"**

1 上海高院与上海市律师协会定期举行季度、月度沟通例会。仅2015年1月至2016年3月，上海高院崔亚东院长、盛勇强副院长、茆荣华副院长和上海市第一中级人民法院陈立斌院长、上海市第二中级人民法院顾伟强院长等领导就带领各职能部门，先后6次主动上门听取市律协对法院整体工作和重点工作的意见建议。同时，上海高院坚持通过制度规范建立保障律师执业权利、方便律师诉讼的长效机制，制定了《关于依法保障律师执业权利的意见》《关于处理律师投诉的若干意见》等规范性文件。

2017 年 8 月 2 日，上海高院党组决定向全国开放律师服务平台。分别与北京、内蒙古、江苏、广东等 12 个省（市、区）及广州、深圳律协代表签署了《上海法院律师服务平台向全国律师开放的合作备忘录》。目前，全国已有 18 万律师可以轻松登录平台提出需求、接受服务，深受律师界的欢迎。[1] 浙江省律师协会会长郑金都评价："感谢上海高院让我们享受到高效、便捷的服务，既节约了律师和当事人的精力，也构建了法官和律师的良性互动关系。"

（五）全球领先：国际司法同行评价 12368

上海法院 12368 平台开通 4 年来以来，共接待境外国家和地区前来参观考察 29 批次，360 余人次，来访者主要是外国最高法院大法官、法官和法律专业人士等。2014 年 12 月 7 日，**世界知识产权组织总干事弗朗西斯·高锐**一行参观上海法院 12368 平台时，高锐评价认为，**上海高院的信息化建设水平在其参观过的所有国家和地区法院中是最先进的，不仅仅是技术非常先进，而且还将先进技术与整个司法体系、与整个城市人民及其生活紧密结合在一起。在很多国家，司法机构往往离人民生活很远，而上海高院将各种各样的高科技工具运用于服务人民生活、城市建设和经济发展，上海高院在这方面所做的工作是独一无二的。上海法院**

1　全国律师共计 30 余万。上海和上述 12 个省（市、区）的律师总数约 18 万人。其他尚不具备律师身份信息数据实时认证等整体对接条件的律师协会，律师个人可以自愿向服务平台申请身份信息认证。

12368 平台服务群众的理念和先进技术值得世界知识产权组织学习借鉴。

▶ 2014 年 12 月 7 日，世界知识产权组织总干事弗朗西斯·高锐一行参观上海法院 12368 平台。上海市副市长赵雯、上海高院院长崔亚东陪同

2016 年 5 月 5 日，**中东欧 12 个国家的最高法院院长、大法官**到上海高院，参观了上海法院 12368 平台。各国来宾对上海高院分享经验表示感谢，对上海法院依托信息技术、为民众提供司法便民服务给予高度评价，认为上海法院通过先进的信息技术，完善诉讼服务功能，既服务了法官又方便了公众，拉近了法院与公众的距离，增进了司法的透明度和公信力，提升了上海这座现代化城市的法治水平，相关经验做法对中东欧国家法院具有借鉴作用。

▶ 2016 年 5 月 5 日，中东欧 12 国最高法院院长、大法官参观上海法院 12368 平台。最高人民法院党组副书记、常务副院长沈德咏，上海高院院长崔亚东陪同

2016 年 9 月 7 日，**国际法院院长龙尼 · 亚伯拉罕**一行参观上海法院 12368 平台，表示十分认同上海法院“通过改进信息技术服务社会、方便市民、增进民众对法院的了解和信任”的司法理念。

▶ 2016 年 9 月 7 日，国际法院院长龙尼・亚伯拉罕等一行参观上海法院 12368 平台。上海高院院长崔亚东陪同

▶ 2016 年 9 月 9 日，秘鲁最高法院院长蒂科纳一行参观上海法院 12368 平台，上海高院副院长陈亚娟陪同

▶ 2017 年 9 月 29 日，委内瑞拉最高法院院长迈克尔·莫雷诺一行参观上海法院 12368 平台。上海高院院长崔亚东陪同

（六）“互联网 + 诉讼服务” 专项成果：研究机构评价 12368

2015 年 7 月，上海法院 12368 平台获得**“互联网 + 诉讼服务”**专项成果奖（中国科学院电子政务理事会颁发），被《中国电子政务年鉴（2015）》收录。

2016 年 10 月，上海法院律师服务平台获得“政府网站网上办事类”精品栏目奖（中国科学院电子政务理事会颁发）。[1]

1 电子政务理事会由中国科学院主管的《电子政务》杂志社发起设立，是由关注国家信息化、电子政务建设的政府领导、专家学者、优秀企业家等组成的研究、咨询与服务机构。

▶　上海法院 12368 诉讼服务平台及上海法院律师服务平台获奖情况

四、媒体报道上海法院 12368 诉讼服务平台

上海法院 12368 平台开通 4 年来，《人民日报》、中央电视台、新华社每日电讯、《光明日报》《解放日报》《文汇报》《法制日报》《人民法院报》等传统媒体，以及人民网、新华网、中国法院网、律新社微信公众号等新媒体，及时、客观、充分地给予了报道。摘要如下：

（一）《人民日报》、新华社、人民网关于上海法院 12368 平台的报道

2014 年 3 月 28 日，《人民日报》记者首次走进上海法院 12368 平台，以《上海 12368 打破信息玻璃门》为题，对 12368 平台作了深入报道："12368 平台使信息从单向公开到双向交流；倒逼法

2014年3月28日 星期五 11

一部电话，一个网络平台，连接6000多名法官，为民众提供800余万条诉讼信息

“上海12368”打破信息玻璃门

“12368”使信息从单向公开到双向交流

人民日報

RENMIN RIBAO

新华每日电讯

新华通讯社出版

四平：经历转型阵痛，正在重新崛起

浙江多地试水“权力清单”，权力“运行轨迹”一目了然

嘎藏加措：一个80后唐卡画师的梦想之“宫”

▶《人民日报》、新华社关于上海法院12368平台的报道

官‘零懈怠’，重塑司法公信力；信息沟通平台的最大价值在监督；平台既方便了群众知情和表达，也方便了群众参与和监督。”

2014年3月31日，《新华每日电讯》以《上海法院：“12368”热线解决诉讼三大难》为题，对上海法院12368平台的建立初衷和服务理念作了深入报道。

2016年2月，《人民日报》记者再次走进上海高院，以“网上开扇窗　办案亮堂堂”为题，对律师服务平台进行了报道：网上直接登记立案，庭审排期智能避让，说明平台诉讼服务“便捷”；网上可以跟踪案件审理，53个节点信息全公开，说明诉讼过程“透明”；一年收到建议近500条，助力构建法律共同体，说明律师服务平台已经成为律师与法官互动交流的窗口。

2017年5月，上海法院12368诉讼服务智能平台开通，人民网在第一时间进行了宣传报道。

网上开扇窗 办案亮堂堂

日报 周报 杂志

人民日报 2016年02月22日 星期一

往期回顾 返回目录

人民日报图文数据库（1946-2017）

上海法院首创律师服务平台，运行一年来网上立案1.6万件

网上开扇窗 办案亮堂堂

本报记者 解 洪

《 人民日报 》（ 2016年02月22日 11 版）

核心阅读

“互联网+”时代，司法领域的信息化改革推进迅速。去年1月5日，上海市高级人民法院在全市三级法院开通了全国首家律师服务平台，律师可利用平台进行网上立案、网上阅卷、案件查询、投诉建议等。平台运行一年来，立案1.6万件。上海1413家律师事务所中，已有1301家使用了该平台，占总数的92%；9200多名律师成为平台经常使用者。平台怎样确保案件及时得到处理？在法官和律师沟通中能够发挥什么作用？

人民网 >> 上海频道

从“互联网+”到“人工智能+”

全国首个12368诉讼服务智能平台在沪开通

2017年05月18日11:14 来源：人民网-上海频道

人民网上海5月18日电（王文娟、高远）17日，上海法院12368诉讼服务智能平台开通仪式在上海高院举行，上海高院与科大讯飞等公司开展合作，将“人工智能”植入12368诉讼服务平台，升级开发了“上海法院12368诉讼服务智能平台”。

▶ 人民网对上海法院 12368 平台的报道

（二）中央电视台和央视网关于上海法院 12368 平台的报道

2016 年 3 月 6 日，第十二届全国人民代表大会第四次会议期间，上海市高院党组书记、院长崔亚东接受中央电视台《今日说法》两会专题“小撒探会”专访。崔亚东院长围绕上海法院信息化建设的背景、路径、方法以及取得的成效等，回答了记者的提问。采访过程中，崔亚东院长着重介绍了上海法院 12368 平台、上海法院律师服务平台等司法为民、司法公开的特色亮点工作。

▶ 崔亚东院长接受“小撒探会”专访

▶ 崔亚东院长接受“小撒探会”专访。左一为时任上海高院副院长茆荣华

（三）《法制日报》、《光明日报》、法制网等媒体关于 12368 平台的报道

4 年来，《法制日报》、《光明日报》和法制网等媒体对上海法院 12368 平台进行了持续、深入的报道，方便了人民群众了解平台的主要功能、服务方式、建设成效等。

2014 年 3 月，《法制日报》记者报道：像“10086”“110”一样，“12368”正日益被广大市民认识和接受。对“12368”开通后两个多月诉讼服务的抽样回访表明，99.3% 的回访者对平台人员的服务表示满意，90% 以上的回访者对问题的及时解决处理表示满意。12368 平台的开通让诉讼咨询更便捷、使司法过程更公开，既方便了当事人诉讼，又强化了法官的为民意识。12368 平台是上海法院落实司法为民的新举措、司法服务理念的新转变、司法公开的新抓

光明日报

人民群众对党风廉政建设和反腐败斗争信心明显增强
——从民意调查看 2013 年正风肃纪

春潮涌动千帆竞
——喜看宣传思想文化战线新气象

上海：
查案件、找法官
请联系“12368”

手、联系人民群众的新纽带。

2016 年 2 月，《法制日报》记者通过深入了解上海法院 12368 平台的律师网络诉讼服务后进一步报道，上海法院已经真正实现了全程在线立案，2015 年全年通过互联网直接立案 1.3 万件。律师不论在办公室，还是在出差途中，都可通过互联网向平台上传诉讼材料，经立案法官在线登记后即可直接立案，获取案号，并通过上海法院律师服务平台提供的“付费通”接口直接缴纳诉讼费，完成整个登记立案过程。此外，依靠现代科技支撑，律师服务平台还具备“庭审排期自动避让”“关联案件自动推送”等多项独创功能。不仅提高了律师工作效率，而且保障了律师执业权利，维护了当事人诉讼权利。

法制日报

全程网上立案律师不再来回跑

依法行政按下“快进键”

在人民监督下提升检察工作公信力

“法律体检”助推司法行政法治化

上海法院首创律师服务平台起步早起点高

全程网上立案律师不再来回跑

（2016-02-25） 稿件来源： 法制日报要闻

本报记者 余东明
本报通讯员 卫建萍

记者近日在上海市高级人民法院了解到，上海市三级法院开通全国首家律师服务平台一年来，实现了全程在线立案，律师在开庭前再也不必来回奔波。

据统计，截至今年1月，上海1413家律师事务所中，已有1301家使用了该平台，占总数的92%。平台全年为律师提供各类服务48万次，通过互联网实现网上立案1.3万件，超过9200名律师成为该平台的实际使用者。

“‘把方便让给群众，把困难留给自己，让服务成为习惯’，律师服务平台的开通秉承了这一理念。律师既是诉讼的主要参与者，也是诉讼服务的主要对象之一，平台的开通既能方便律师执业、保障律师权益，也能更好地维护当事人合法权益、促进司法公正、提升司法公信力。”近日，上海市高级人民法院院长崔亚东在接受《法制日报》记者采访时表示，“信息化建设是人民法院建设与发展的必由之路。近年来，我们积极依托信息技术，不断提升司法审判和诉讼服务的品质和效率，既让人民群众感受到公平正义，又能获得高科技带来的规范、便捷和透明。”

百姓期待倒逼平台创新

多年来，立案难、执行难和联系法官难一直是横亘在法院和当事人之间的难题，为此，上海市高院转变理念，依托信息技术，积极破解难题，于2014年1月在全国率先开通12368诉讼服务平台，通过热线、网络、短信、微信、APP等多种方式，全面提升诉讼服务的品质和效率。

在此基础上，上海高院又于2015年年初正式开通了上海法院律师服务平台，以方便律师执业、保障律师权益，更好地发挥律师维护当事人合法权益、促进司法公正、提升司法公信的积极作用。

“百姓的新期待和新要求是我们创新和改革的方向，我们在每一项革新之前，均开展广泛的调研和测算。在律师服务

2017 年 5 月，《法制日报》和法制网以“机器人 24 小时值守诉讼服务热线”为题第一时间报道了上海法院 12368 诉讼服务智能开通的情况，详细介绍了诉讼服务智能平台具体功能。

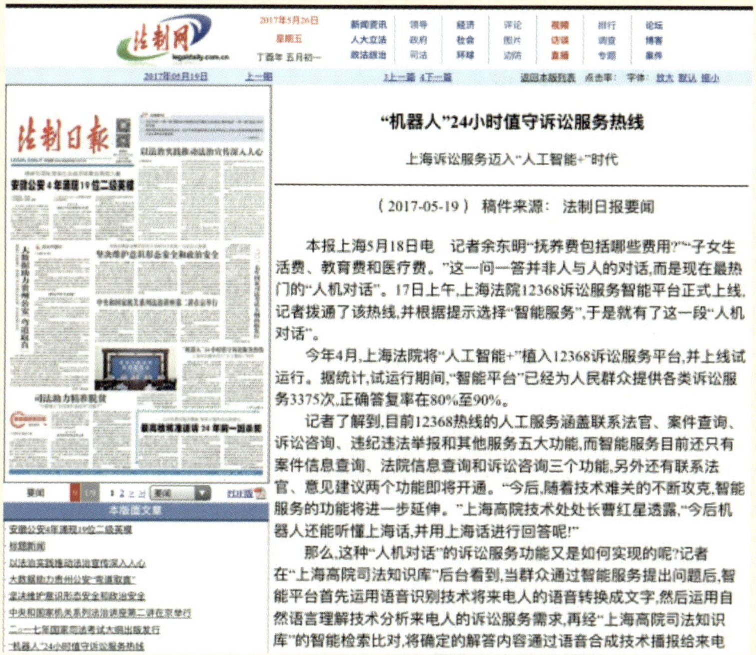

"机器人"24小时值守诉讼服务热线

上海诉讼服务迈入"人工智能+"时代

（2017-05-19）　稿件来源：法制日报要闻

本报上海5月18日电　记者余东明"抚养费包括哪些费用?""子女生活费、教育费和医疗费。"这一问一答并非人与人的对话,而是现在最热门的"人机对话"。17日上午,上海法院12368诉讼服务智能平台正式上线,记者拨通了该热线,并根据提示选择"智能服务",于是就有了这一段"人机对话"。

今年4月,上海法院将"人工智能+"植入12368诉讼服务平台,并上线试运行。据统计,试运行期间,"智能平台"已经为人民群众提供各类诉讼服务3375次,正确答复率在80%至90%。

记者了解到,目前12368热线的人工服务涵盖联系法官、案件查询、诉讼咨询、违纪违法举报和其他服务五大功能,而智能服务目前还只有案件信息查询、法院信息查询和诉讼咨询三个功能,另外还有联系法官、意见建议两个功能即将开通。"今后,随着技术难关的不断攻克,智能服务的功能将进一步延伸。"上海高院技术处处长曹红星透露,"今后机器人还能听懂上海话,并用上海话进行回答呢!"

那么,这种"人机对话"的诉讼服务功能又是如何实现的呢?记者在"上海高院司法知识库"后台看到,当群众通过智能服务提出问题后,智能平台首先运用语音识别技术将来电人的语音转换成文字,然后运用自然语言理解技术分析来电人的诉讼服务需求,再经"上海高院司法知识库"的智能检索比对,将确定的解答内容通过语音合成技术播报给来电

（四）《人民法院报》和中国法院网关于上海法院 12368 平台的报道

自从上海法院 12368 平台正式开通，《人民法院报》记者就一直关注平台的实际运行成效。《人民法院报》先后以《12368：一条司法热线的温度》《服务一站式、便民立体化》《网上服务平台，上海律师的万能助手》《上海：从“互联网 +”迈入“人工智能 +”时代》等为题，持续深入报道了上海法院 12368 平台建设。从服务数量持续上升、服务功能不断拓展、服务质量稳步提高，率先将人工智能植入平台服务，实现从“互联网 +”向“人工智能 +”的转型升级等多方面、多角度展开报道。

人民法院報

2014年3月24日 星期一

打得通电话　找得到法官　说得清情况　等得到回复

12368:一条热线的司法温度

中国法院网首页　新闻　审判　执行　评论　时讯　法学　地方法院

从“互联网+”迈入“人工智能+”新时代

——上海法院加快智慧法院建设纪实

2017-05-21 11:13:23　|　来源：人民法院报　|　作者：严剑漪

5月17日上午9时，上海市高级人民法院信息管理中心正在举行12368诉讼服务智能平台开通仪式。法院工作人员通过手机向全场人员演示智能平台的诉讼咨询功能。

“来，请大家随机问一个问题。”上海高院院长崔亚东作出邀请。

很快，有人举手。工作人员递过手机。那人对着手机问道：“请问，什么情况下我可以提起反诉？”一个人工智能的声音从手机里传出：“在案件受理后，法庭辩论结束前，被告可以提出反诉。”

全场惊叹，掌声不断。

“今天，是上海法院从‘互联网+’正式走向‘人工智能+’的划时代的一天！”崔亚东微笑着说。

“人工智能+”让审判体系智能化

人民法院報

网上服务平台，上海律师的“万能助手”

中国法院网首页　新闻　审判　执行　评论　时讯　法学　地方法院

服务一站式 便民立体化

——上海法院12368平台见闻

“您好，请提供您的案件服务密码，以便我们确认您要查询的是您本人的案件信息。”

“您别急，您的事情平台已经派发工单，法官会在一个工作日内给您回复。”

“如果您对判决不服可以上诉，自判决书送达第二天起有15天上诉期。”

……

2月1日上午八点半，记者来到上海法院12368诉讼服务平台现场，这里已然是一幅忙碌的景象。平台开通两年多来，12368平台的座席员们都是以这样的方式开始繁忙的一天。

服务数量持续上升

2014年1月2日，上海法院12368平台正式开通。作为全国首个省级规格的综合性便民诉

▶《人民法院报》和中国法院网关于上海法院 12368 平台的报道

（五）《解放日报》、上海电视台等媒体关于上海法院 12368 平台的报道

上海法院 12368 平台正式开通 4 年来，《解放日报》《文汇报》《上海法治报》《人大月刊》《中华英才》等报纸刊物，上海电视台等电视频道也对平台的服务成效及其功能、方式进行了专题报道，客观反映了平台的明显成效和人民群众对法院诉讼服务的充分肯定。

A4 法治综合

上海法治報

www.fazhibao.com.cn

2014年1月3日 星期五

上海法院开通国内首个省级诉讼服务平台

八大功能服务便民 试运行至今已接听来电1461起

□记者 胡蝶飞

▶《上海法治报》关于上海法院 12368 平台的报道

▶ 上海电视台专访上海法院 12368 平台。中为时任上海高院副院长顾伟强，右为时任上海市律协会长盛雷鸣

（六）新媒体关于上海法院 12368 诉讼服务平台的报道

上海法院 12368 平台开通 4 年来，新浪、搜狐、东方网、澎湃新闻等新媒体，浦江天平、律新社等微信公众号，进行了充分报道，向公众推送了上海法院 12368 平台的功能、作用，及时反映了平台工作成效和人民群众反响，促进了平台建设。

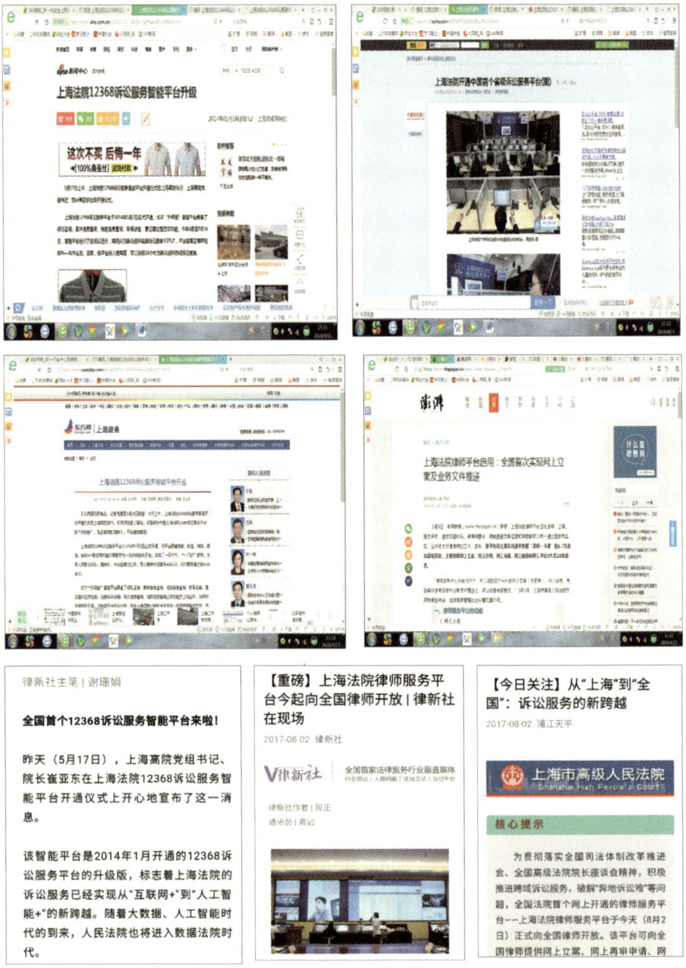

上海法院12368诉讼服务智能平台升级

上海法院开通中国首个省级诉讼服务平台(图)

上海法院12368诉讼服务智能平台开启

上海法院律师平台启用：全国首次实现网上立案及业务文件推送

律新社主笔丨谢珊娟

全国首个12368诉讼服务智能平台来啦！

昨天（5月17日），上海高院党组书记、院长崔亚东在上海法院12368诉讼服务智能平台开通仪式上开心地宣布了这一消息。

该智能平台是2014年1月开通的12368诉讼服务平台的升级版，标志着上海法院的诉讼服务已经实现从“互联网+”到“人工智能+”的新跨越。随着大数据、人工智能时代的到来，人民法院也将进入数据法院时代。

【重磅】上海法院律师服务平台今起向全国律师开放丨律新社在现场

2017-08-02 律新社

【今日关注】从“上海”到“全国”：诉讼服务的新跨越

2017-08-02 浦江天平

上海市高级人民法院

Shanghai High People's Court

核心提示

为贯彻落实全国司法体制改革推进会、全国高级法院院长座谈会精神，积极推进跨域诉讼服务，破解“异地诉讼难”等问题，全国法院首个网上开通的律师服务平台——上海法院律师服务平台于今天（8月2日）正式向全国律师开放。该平台可向全国律师提供网上立案、网上再审申请、网

▶ 新媒体关于上海法院 12368 平台的报道

五、有关领导到上海法院 12368 诉讼服务平台调研指导

（一）方便群众诉讼，社会广泛认同——孟建柱同志到上海法院 12368 平台调研

2014 年 12 月 4 日，时任中央政治局委员、中央政法委书记孟建柱在首个国家宪法日到最高人民法院调研。通过视频连线上海法院 12368 平台，上海高院崔亚东院长汇报了平台的建设情况及取得

▶ 2014 年 12 月 4 日，孟建柱书记在最高人民法院信息中心，通过视频连线听取上海高院 12368 平台工作情况汇报。左图为在最高人民法院信息中心的孟建柱同志、周强同志，右图为在上海市高级人民法院 12368 平台通过视频连线进行汇报的崔亚东院长和时任上海高院副院长邹碧华、顾伟强

▶ 2017 年 2 月 6 日，中央政法委孟建柱书记在上海法院 12368 平台调研。上海高院院长崔亚东陪同

的成效。孟建柱书记给予充分肯定、高度评价，称赞“这种做法很好”。

2017 年 2 月 6 日，时任中央政治局委员、中央政法委书记孟建柱在时任中央政治局委员、上海市委书记韩正的陪同下，到上海高院调研指导司法体制改革工作。

孟建柱书记、韩正书记等领导同志实地察看了上海法院 12368 平台，听取了上海高院崔亚东院长和茆荣华副院长关于平台建设运行成效等情况的汇报，孟建柱书记在讲话中指出：“上海法院 12368 平台建设得很好，管理规范，方便了群众诉讼，得到了社会广泛认同；在案件数量不断上升的情况下投诉信访反而减少，很不容易；运用信息技术服务群众，很好！”

（二）解决了诉讼难题，体现了法院自我加压、敢于担当——韩正同志到上海法院 12368 平台调研

2015 年 2 月 9 日，时任中央政治局委员、上海市委书记韩正书记察看了上海法院 12368 平台现场，观看了平台专题片，听取了上海法院崔亚东院长和顾伟强副院长关于平台建设运行情况的汇报。

当听到平台 2014 年共处理各类诉讼服务需求 17 万多件时，韩

正书记点头表示肯定，认为上海法院12368平台开通仅一年，诉讼服务工单数量就达到17万件，很不容易，服务效果很不错。

韩正书记在讲话中指出："上海法院12368平台解决了老百姓的诉讼难题，消除了人民群众反映较为集中的诉讼障碍，体现了上海法院自我加压，不怕困难，敢于担当，极大地方便了人民群众诉讼，也进一步提升了司法公开程度。要充分运用科技手段推进司法公开、阳光司法、透明法院建设，提高工作水平。只有阳光司法，各项工作公开、透明了，才能体现法院的透明度。这样不仅有利于法院自身建设，社会认同度也会越来越高。"

（三）平台解答了很多当事人的问题，给群众很大便利——李强同志到上海法院12368平台调研

2018年4月9日，中央政治局委员、上海市委书记李强在市委常委、市委政法委书记陈寅，上海高院院长刘晓云的陪同下，到上海法院12368平台调研，详细询问了平台的服务功能、运行机制、服务成效和平台建设的最新进展情况。

李强书记指出："上海法院12368平台、律师服务平台和诉讼服务中心都富有上海法院特色。平台很好，解答了很多当事人的问题，给群众带来很大便利。"

▶ 2018 年 4 月 9 日，中央政治局委员、上海市委书记李强到上海法院 12368 平台调研。上海市委常委、市委政法委书记陈寅，上海高院院长刘晓云陪同。左 1 为上海高院副院长张斌

（四）走出了新路子、创造了好经验——万鄂湘副委员长到上海法院 12368 平台调研

2016 年 5 月 6 日，全国人大常委会副委员长、民革中央主席万鄂湘在上海高院调研时，实地察看了上海法院 12368 平台，听取了诉讼服务工作汇报，对上海法院诉讼服务成效给予了充分肯定。万鄂湘副委员长指出："上海作为全国司法体制改革的排头兵，在司法责任制、人员分类管理、职业保障、诉讼服务等方面形成了很多

▶ 2016 年 5 月 6 日，全国人大常委会副委员长、民革中央主席万鄂湘到上海法院 12368 平台调研，充分肯定上海法院诉讼服务工作。最高人民法院副院长李少平，上海高院院长崔亚东陪同

好的做法，走出了新路子，创造了好经验。”

（五）司法便民利民的成功举措，要在全国推广——周强院长到上海法院 12368 平台调研

2014 年 4 月 17 日，最高人民法院院长周强专程到上海法院 12368 平台调研。周强院长强调：“我这次来，主要就是想**实地看一看上海法院 12368 平台究竟怎么样**。”在听取汇报、实地考察后，周强院长作了重要讲话，他指出：“这是一项充分运用现代信息技术实现司法便民利民的成功举措，要认真总结经验，不断加以完善，要尽快**在全国推广**。这项工作开局不错，要长期坚持，要越做

▶ 2014 年 4 月 17 日，最高人民法院党组书记、院长周强到上海法院 12368 平台调研。上海高院院长崔亚东陪同

越好，要与司法体制改革各项要求相结合，为全国法院司法为民便民工作积累经验。”

调研过程中，周强院长仔细询问了平台各项诉讼服务功能、各种诉讼服务方式、工作流程、操作规范、诉讼服务与法院审判执行工作的衔接，以及平台管理、后台法官与前台坐席的人员构成、平台队伍建设、平台保障、制度规范及长效机制建设等情况。

（六）体现了以人民为中心的发展理念和高新技术深度融合的创新——上海市领导考察上海法院 12368 平台

上海市委、市人大、政府、政协领导先后到上海法院 12368 平台调研、考察，对平台给予充分肯定、高度评价。

▶ 2015 年 12 月 4 日，**上海市人大常委会主任殷一璀**在市人大常委会副主任薛潮等同志的陪同下到上海法院 12368 平台调研。她指出：12368 既方便了人民群众诉讼，也是一个重要的普法窗口

▶ 2015 年 12 月 18 日，**上海市政协主席吴志明**在市政协副主席姜梁、张恩迪等同志的陪同下到上海法院 12368 平台调研。他指出：12368 集约了执法办案各环节的诉讼服务，形成全市法院统一平台，为人民群众提供了大量优质服务，非常好

▶ 2015 年 1 月 16 日，时任上海市委常委、市委政法委书记姜平到上海法院 12368 平台调研，详细了解平台运行情况。他指出：12368 平台是上海法院深入开展党的群众路线教育实践活动，务实抓整改的重要成果，也是上海法院积极践行司法为民宗旨的又一重要平台

▶ 2017 年 5 月 26 日，上海市委常委、市委政法委书记陈寅到上海法院 12368 平台调研，并现场拨打 12368，检验 12368 智能平台的功能效果。陈寅书记对法院将人工智能植入诉讼服务、向全社会开通 12368 智能服务平台给予高度肯定。他指出：上海法院信息化已经支撑了法院工作的主要部分，信息技术与审判执行、诉讼服务等各项工作深度融合。右 1 为上海高院院长崔亚东

▶ 2013 年 12 月 2 日，时任上海市副市长赵雯在上海法院 12368 平台试运行期间，到平台现场调研。她指出：上海法院主动作为、敢于担当，利用信息技术建设上海法院 12368 平台，服务人民群众。右 1 为时任上海高院代院长崔亚东，左 2 为时任上海高院副院长吴偕林

（七）可复制、可推广的经验——最高法院领导到上海法院 12368 平台考察

上海法院 12368 平台建设得到最高人民法院的高度重视和大力支持，多位领导多次到平台调研指导。

2014 年 7 月，最高人民法院印发《人民法院第四个五年改革纲要（2014—2018）》。明确要求“开通全国法院 12368 公益服务系统”。2015 年 2 月，最高人民法院公布《关于全面深化人民法院改革的意见——人民法院第四个五年改革纲要（2014—2018）》，明确要求“加强诉讼服务中心规范化建设，完善诉讼服务大厅、网上诉

▶ 2014 年 10 月 17 日，**最高人民法院党组副书记、常务副院长沈德咏**到上海法院 12368 平台调研，他指出：上海法院的诉讼服务和信息化建设为全国法院提供了有益经验。左为上海高院院长崔亚东，右为时任上海高院副院长顾伟强

▶ 2015 年 11 月 25 日，**最高人民法院党组成员、副院长李少平**到上海法院 12368 平台调研。他指出：上海法院为全国司法体制改革提供了很好的经验示范。右 1 为上海高院党组副书记、副院长盛勇强

▶ 2017 年 8 月 2 日，最高人民法院党组成员、副院长姜伟（中）出席上海法院律师服务平台向全国律师开放仪式。他指出：上海法院律师服务平台向全国律师开放，体现了以人民为中心的发展理念和将改革进行到底的精神，体现了利用信息化手段服务人民群众诉讼的理念，形成了可复制、可推广的经验，值得向全国法院推广

讼服务平台、12368 司法服务热线”。在周强院长和最高人民法院的大力推动下，全国法院均建立了 12368 诉讼服务平台。

（八）可学习、可借鉴的经验——外省市领导到上海法院 12368 平台考察

上海法院 12368 平台正式开通以来，截至 2017 年 12 月，共接待前来参观、学习、考察、调研 216 批次、3900 余人次。其中，外宾 29 批次、360 余人次。前来考察的，主要是法院及检察、司法等政法机关，也有其他部门，如国家信访局、相关省市的政府

部门、工商行政管理部门等。特别是北京、广东、浙江、江苏等28家高级人民法院，均派员前来考察。他们均对平台给予了高度评价、充分肯定，认为上海法院的服务理念、经验可学习、可借鉴。江苏、安徽等法院还将本院招录的12368坐席及平台管理人员，送至上海高院跟班学习培训。上海高院也应邀赴外省法院帮助建设12368诉讼服务平台。

▶ 2014年2月23日，北京市高级人民法院党组书记、院长慕平（左2）到上海高院调研。他指出：上海法院12368平台将当事人作为法院工作的服务对象，体现了上海法院工作理念的转变，是法院的“110”。右3为上海高院院长崔亚东

▶ 2014年8月11日，时任贵州省高院党组书记、代院长孙潮（左1）任组长，贵州省委政法委常务副书记彭德全（左4）、贵州省检察院常务副检察长何冀任副组长的贵州省司法改革考察团到上海法院12368平台调研。右2为上海高院院长崔亚东，右1为时任上海高院副院长顾伟强

▶ 2016 年 3 月 28 日，宁夏回族自治区高级人民法院党组书记、院长李彦凯（左 1）在上海高院 12368 平台调研。右 2、3 分别为时任上海高院副院长陈亚娟、郭伟清

附：访谈实录
2016 年 3 月 6 日中央电视台《小撒探会》主持人撒贝宁采访崔亚东院长访谈实录

12368：科技手段的诉讼服务创新

撒贝宁：在上海的整个法院系统的信息化建设当中，有两项内容是大家非常关注的，而且有上海自己的特色。一个是 12368 诉讼服务平台，另外一个是律师服务平台。那么，这两个平台当初建立的时候它的初衷是什么？运行到现在，您对它的效果怎么评价？

崔亚东：你提的这两个平台，确实是我们上海法院运用信息化手段、现代科技手段做好诉讼服务的一个创新，也可以说，是上海法院服务群众诉讼的两张“名片”。

先说上海法院 12368 诉讼服务平台。12368 这个号是工信部当初给全国法院的一个统一的热线短号，比较好记。但使用以后，最初的效果并不好，社会影响也不大。在 2013 年的群众路线教育实践活动当中，老百姓对法院反映比较突出的问题，一个是立案难，一个是执行难，还有一个是联系法官难。所谓联系法官难，是因为法官工作繁忙，有时候开庭，有时候出差等。当事人案件只要到了法院之后，就很想知道本人的案件进展到什么程度了。这种心情是可以理解的。同时，还有一些常见法律问题需要咨询。所以，就需要与法官联系，主要方式是打电话。但由于法官在开庭、出差等，有时候联系不方便、沟通不畅。

我曾经召开过几次座谈会，听取律师和当事人的意见。有一位当事人说：“我打了 30 几个电话，还是找不到法官。”还有一位当事人拿了一沓子邮局的寄挂号信的收据说：“崔院长你看，我寄了 17 封挂号信，至今得不到法官的回复。”为了解决这个问题，我们就动脑筋，想如何把 12368 这个热线电话用好。

信息技术新科技飞速发展，网络、微信、手机移动终端，还有 APP 等，都是很好的先进手段。我们把这些新科技综合运用到 12368 这个平台。号还是这个号，但已发生了质的变化。由原来的仅有热线电话自助服务单一功能，发展成为集多种功能为一体的诉讼服务平台，为群众提供服务。

最初是要解决联系法官难的问题，后来不断拓展，最终定位是将12368打造为综合性诉讼服务平台。目前，上海法院12368具备10多项功能，是一个容纳法院所有诉讼服务项目的综合性服务平台。

2013年12月上海法院12368平台试运行。从当时的每天200多个热线电话量，上升到现在每天平均800多个，最高的时候1000多个。最初是为了解决联系法官问题，而现在法律咨询、案件查询占比更高。本人案件到了法院以后，进展到了哪一步，只要输入本人案号，都可以立即查询到，极大地方便了群众。群众对我们这个平台服务的满意率达到99%，对平台服务的效果的满意率达到了92%～93%，效果非常好。基本实现了一号对外，“一站式”服务，方便群众查询、咨询。

“律师足不出户就可以完成立案”

撒贝宁：那如果有了这样一个几乎全覆盖的诉讼服务平台之后，为什么咱们上海的法院系统还要单建立一个律师服务平台？

崔亚东：上海法院律师服务平台是为律师量身打造的一个诉讼服务平台，同时它也是上海法院12368诉讼服务平台的创新和延伸。律师在诉讼中的作用大家都十分清楚。上海高院一直以来都高度重视保障律师合法权益，方便律师执业，构建法官与律师之间的新型关系。为此，我们充分运用新科技，为律师量身定制、建立了“上海法院律师服务平台”。

上海法院律师服务平台目前具有24项功能，极大地方便了律师参与诉讼。许多功能均属上海首创。比如，**网上立案**。许多法院都宣传设立了网上立案，但实际上只是**网上审查**。通过网上审查之后，还得到立案窗口去提交材料立案。上海法院的网上立案系统，解决了网上审查、网上缴费，律师和法官可以在网上就立案等进行交流和沟通，律师在他的工作场所或者家里就可以完成立案。2015年该系统开通以来至今，律师通过网上立案 1.3 万件，真正实现了律师足不出户就可以把案件立上。又如，**开庭排期自动避让**。什么叫自动排期避让呢？如上海的某一位律师在上海一中院代理有案件，同时在上海黄浦区法院也代理有案件，还可能在上海青浦区法院也代理有案件。他可能同时在上海相关法院代理一个、两个、三个，甚至更多的案件。因在不同的法院，开庭的时间，很可能发生冲突。对此，律师十分烦恼，称其为"开庭撞期"。为此，我们开发了开庭排期自动避让功能，就是法官在安排这个案件的开庭时间时，系统就会自动提示法官，该律师在上海其他法院代理有案件，开庭的时间有冲突，应该调整时间。从而解决了困扰律师多年的**"开庭撞期"**问题，深受律师欢迎。

目前上海市 1400 多家律师事务所，均使用这个平台。我们计算了一下，如果说每一个律师为这一件事少跑一趟法院，那么一年可以少跑 20 万公里。因此，上海法院律师服务平台深受律师界的欢迎。这就是我前面说的，12368 解决了他的**问累**，律师服务平台解决了他的**跑累**，就是不用跑路，足不出户就可以立案，就可以解决问题。

大数据信息系统助力司法审判

撒贝宁：整个上海的法院的信息化体系建立起来之后，您觉得对于上海的法院系统的司法审判的工作的提升，它起到了一个什么样的推动作用？

崔亚东：我们建成了“上海法院综合信息系统”，**共有22项属于全国法院首创，有13项自主知识产权**。系统功能包括法院管理、审判管理、执法办案、司法公开、司法监督、司法决策、队伍管理等，全方位涵盖了法院各项工作。有较完备的基础设施和司法大数据库为支撑，应用成效显著，目前已全面实现了法院工作的“六化”“四全”。六化即法官办案智能化、法院管理可视化、司法公开常态化、司法为民便捷化、司法决策科学化、司法监督系统化；四全即执法办案“全程留痕、全程可视、全程监督、全程公开”。如办案智能化。当一名法官承办一个案件，无论涉及的是常见的盗窃案或诈骗案，还是较复杂的电信诈骗案、金融创新案等。在上海法院过去受理的案件当中，有多少这样类似的案件，适用的是哪些法律，系统都会自动把类案推送至法官的办案电脑左面，供法官参考。系统还具有多种辅助功能，包括法律文书自动生成、自动纠错等。大大地提高了法官办案的质量和效率。

撒贝宁：我们给您准备了一张心愿卡，对2016年最大的法治心愿和期待是什么，您给我们分享一下。

崔亚东：法治2016年我期待，要把上海法院建成**阳光法院、网络法院、数据法院**，努力提升上海法院的审判体系、审判能力现代化，当好司法公正的排头兵。

2016 年 2 月 22 日《人民法院报 · 法周刊》采访崔亚东院长访谈实录

构建法官与律师新型关系的新起点

▶ 2016 年 1 月，上海高院崔亚东院长登门听取市律协对法院工作的意见建议

▶ 上海法院律师服务平台的互联网首页登录界面

访谈对象：上海市高级人民法院院长 崔亚东

法周刊：上海法院打造律师服务平台的出发点是什么？

崔亚东：党的十八大和十八届三中、四中、五中全会对全面推进依法治国作出全面部署，对完善中国特色社会主义律师制度、加强律师队伍建设提出明确要求。2015年8月，中央政治局委员、中央政法委书记孟建柱在全国律师工作会议上发表重要讲话时提出，推动司法人员和律师构建彼此尊重、平等相待，相互支持、相互监督，正当交往、良性互动的新型关系，促进社会主义法治文明进步。

我曾安排专人对上海各法院诉讼服务中心每日接待人员情况作了一个调查。全市各法院日均接待约5.28万余人次，其中律师占到33.05%。可见，律师既是诉讼的主要参与者，也是诉讼服务的主要对象之一。

根据“两便原则”的要求，既要方便法院审理案件，又要方便当事人诉讼。其中，方便当事人诉讼包括了方便律师依法执业，从一定意义上说，也包括了如何保障律师依法行使诉讼代理权或辩护权。因此，保障律师依法执业保障也是法院的职责。为此，我们坚持“把方便让给群众，把困难留给自己”的理念，以上海法院12368诉讼服务平台为基础，建立了全市法院统一的上海法院律师服务平台，为律师依法执业创造更加良好的环境。

法周刊：能否请您介绍一下上海法院在律师服务平台的建设上有哪些探索？

崔亚东：近年来，上海高院依托上海法院信息系统，陆续建立了审判流程公开、执行信息公开、裁判文书公开、12368 诉讼服务平台、知识产权司法保护等十大司法公开与服务平台，取得了很好的法律效果和社会效果。

上海法院律师服务平台的开通，是上海法院在“互联网 +”时代，以信息化为引领，构建法官与律师之间的新型关系，推进司法文明进步的有益探索。平台主要具有以下特点：

一是在技术方面坚持纵向贯通、横向联动、线上线下结合。上海法院律师服务平台连接全市三级法院每位法官的办公电脑，通过内外网数据交换，实现全市法院每一案件及诉讼程序每一环节的信息共享，为律师提供全方位服务。同时，我们还通过推进诉讼服务大厅的规范化、标准化建设，完善 12368 诉讼服务平台为律师、当事人和社会公众提供综合性诉讼服务的各种功能，将诉调对接、立案信访等相关联的工作与律师服务平台有机结合，把除庭审之外的其他诉讼事务进行统一管理。在坚持完善传统服务方式的同时，充分利用信息技术提升服务质效，实现线上线下无缝对接。在平台建设过程中，我们坚持问题导向、需求导向，广泛征求并吸纳了律师的意见和建议，研发了网上立案、网上查询、网上缴费、关联案件智能推送、开庭排期智能避让等 20 余项功能，解决了长期困扰律师的一些老大难问题，为律师执业提供了高效、便利的诉讼服务。

二是在管理方面坚持制度化、规范化，健全督促协调机制，实现了诉讼服务**全方位**、**零距离**、**无障碍**。上海法院紧紧抓住制度建设这个根本，制定了《律师服务平台使用指南》《关于律师服务平台管理暂行规定》《关于依法保障律师执业权利的意见》等，成立了上海法院律师服务平台建设领导小组，明确了平台管理职能部门和平台事务的办理时限，建立了督促提示、回访反馈等五大工作机制，以进一步依法保障律师执业权利。2015年，上海全市法院共受理各类案件62.29万件，审结61.45万件，同比上升13.2%和12.7%。92.3%的案件经一审即息诉，经二审后的息诉率为98.9%。广大律师对法院工作给予充分肯定，诉讼服务工作有力地提升了司法公信。

法周刊：您认为律师服务平台对推动法院工作有何现实意义？

崔亚东：上海法院律师服务平台的建立，是上海法院运用信息技术，改进传统诉讼服务的新尝试；是我们顺应时代潮流，积极回应律师对法院工作新需求的新努力；是我们转变司法理念，构建法官与律师之间新型关系的新起点。上海法院律师服务平台的运行使用，不仅方便、保障律师执业，而且对法官提高办案效率、转变工作作风也可以起到一个监督、倒逼作用。对促进司法为民、公正司法、司法文明，提升司法公信力具有重大意义。

在平台运行过程中，我们一直关注律师对平台使用情况的反馈，针对律师提出的意见和建议，及时进行改进、完善。同时，根据外地律师的呼吁，我们也在进行调研、协调，争取尽快解决不同地域网络用户的身份认证问题，以方便上海以外更多的律师使用这一平台。

下　篇

他山之石：
中外法院诉讼服务比较研究

习近平总书记指示：

我们既要立足本国实际，又要开门搞研究。对人类创造的有益的理论观点和学术成果，我们应该吸收借鉴，但不能把一种理论观点和学术成果当成“唯一准则”，不能企图用一种模式来改造整个世界，否则就容易滑入机械论的泥坑。[1]

1 参见习近平总书记 2016 年 5 月 17 日在哲学社会科学工作座谈会上的重要讲话。

第四章

域外法院诉讼服务

诉讼服务是法院工作的重要内容，世界各国法院都很重视。一些国家和地区的法院不断出台便民措施，改进诉讼服务工作。近年来，互联网、大数据、云计算、人工智能等现代信息技术飞速发展，给社会带来深刻变化。[1] 例如，电子政务（Electronic Government）已经成为各国政府治理社会、服务民众的首要选择。越来越多的国家和地区的法院积极运用信息技术开展诉讼服务，不断推出一些改革措施，以满足公众的诉讼需求。本书以**美国**、**韩国**和**我国台湾**、

1 互联网的发展使互动变得更加高效便捷。Web1.0(门户时代)的典型特点是单向信息展示，Web2.0(搜索/社交时代)的典型特点是人与人双向互动，Web3.0(大互联时代)的典型特点是人人、人机和多个终端的多对多数据交互处理。国际电信联盟2014年发布的《衡量信息社会报告》表明，目前有30多亿人口可以上网，2/3的网民来自发展中国家。全球互联网使用率持续稳定增长，2013年全球增长率为6.6%，其中发达国家3.3%，发展中国家8.7%，发展中国家的互联网用户数量在过去5年中翻了一番。截至2014年年底，全球大约44%的家庭可在家中上网，而2013年和2010年的数字分别为40%和30%。其中，在发达国家，78%的家庭拥有住宅互联网接入，发展中国家的比例为31%。

香港地区为参照，就法院诉讼服务，特别是网络诉讼服务的一些做法，作简要比较研究，供参考借鉴。

一、美国法院诉讼服务

（一）司法服务政策

美国是世界上电子政务最为发达的国家之一。1997 年的调查数据显示，当年美国的国家级在线部门达 205 个，遥遥领先于其他国家和地区。经过 20 多年的发展，美国电子政务网站的普及率已经达到 100%。2015 年 9 月，美国联邦政府在习近平总书记访美期间启动“智慧城市周”，并宣布“白宫智慧城市行动倡议”。[1]

美国法院诉讼服务的特色是把信息技术运用于司法领域，方便民众通过网络平台及时获得诉讼信息，实现双向沟通，满足不断变化的诉讼服务需求（meet changing national and local needs）。

例如，美国联邦最高法院首席大法官罗伯茨向美国国会会提交

1　参见周民主编：《电子政务发展前沿（2017）》，中国经济出版社 2017 年版，第 6 页；张惠、张韦：《反思电子政务发展：基于美国地方政府的调查》，载《淮南师范学院学报》2015 年第 2 期。

2014 年年终报告（Year-End Report），[1] 重点阐明了美国联邦法院在运用信息技术领域所取得的成就，特别是案件管理和电子卷宗系统（CM/ECF）。

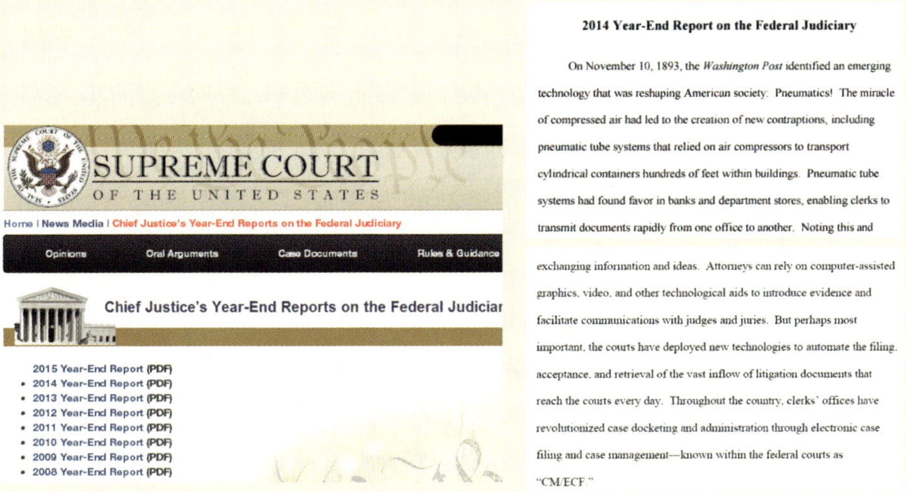

▶ 美国联邦最高法院首席大法官的年终工作报告

1　美国联邦最高法院首席大法官罗伯茨：《美国联邦最高法院 2014 年年终报告》，黄斌、杨奕编译，载《人民法院报》2015 年 1 月 16 日，第 8 版。美国联邦最高法院年终总结报告是否提交及何时提交都不是美国宪法和其他法律法规的强制性要求，而是自 1970 年以来形成的一种惯例，每年 1 份，以书面的形式提交给美国国会。报告内容一般是对美国联邦法院过去一年的工作做一个总结和回顾，提及一些法院面临的困难，同时也对国会提出一些具体要求。一般情况下，每年会侧重关注一个主题。美国国会不必对该报告投票表决，但如果该报告的要求和建议有合理性，国会也会相应采取一些回应措施。2010 年年终报告关注的主题是法院司法人员短缺情况下实现司法公正问题；2011 年侧重关注《美国法官行为准则》和联邦法官的职业道德问题；2012 年、2013 年连续两年重点关注的是法院经费短缺问题；2015 年关注的焦点是美国民事程序改革。

再如，美国联邦上诉法院，以及佛罗里达、加利福尼亚等州最高法院，乃至伊利诺伊州湖县法院等，通过制订发展战略规划等方式，阐明本州法院系统或本法院依托信息技术、服务社会公众、实现便捷为民的司法政策。[1] 例如，《加利福尼亚司法发展战略规划（2006—2012 年）》阐明：满足公众需求是司法的核心功能。《佛罗里达州司法发展战略（2009—2015 年）》在“便捷为民”和“积极回应”等战略中阐明：州司法部门将关注所有社会成员的需求并对其作出回应，为每一位进入法庭的人提供最优质的司法服务，让民众以方便、易于理解又能负担得起的方式及时获得司法救济。[2]《湖县法院发展战略（2009 年）》阐明：“为公众服务”是湖县法院的基本使命，提出了“有效运用科技，打造更容易获得、安全、便利和高效的法院服务”等具体举措。[3]

1 根据美国政体和宪法，各州法院系统与联邦法院系统相互独立平行，联邦法院并不高于州法院，两者之间没有管辖和隶属关系。但是，各州法院在制定本院司法政策时大都不会对联邦法院司法发展战略特别是战略所阐述的司法服务等理念视而不见，或者说联邦法院在起草并确定自身司法发展战略过程中对各州的司法服务等理念已有充分了解和尊重。

2 发展战略明确了州司法系统的使命和目标，提出了司法改革的五项长期规划，并制定了多项具体改革措施，其中阐明的长远规划包括：加强管理、维护独立，提高司法效率、改进司法工作，提升法官司法能力与司法人员素质，畅通司法救济渠道、提高司法服务质量，提高公众对司法制度的信任和信心等。参见龙飞（最高人民法院司改办）编译：《美国佛罗里达州司法发展战略（2009—2015 年）》，载《法制资讯》2013 年第 2 期。

3 2009 年，该县(LAKE COUNTY)法院参考全国州法院中心（NCSC）1990 年 7 月制定的“初审法院工作评价标准”，制定并发布了《湖县法院发展战略》。其中阐明：湖县法院和湖县的司法制度应当具备精密的司法管理、先进的科技应用、发达的 ADR 机制，从而为公众提供最佳质量的司法服务，赢得公众最大程度的理解、信任和信心。要求履行司法职责时应符合接近正义、及时快捷等 4 项服务标准，并明确了 13 项战略和 111 条具体措施。详细介绍可参见蒋惠岭、何帆编译：《美国湖县法院发展战略》，载《人民法院报》2012 年 11 月 2 日，第 8 版。

2015 年，美国司法会议对《联邦司法发展战略》(the Strategic Plan for the Federal Judiciary) 进行了最新修正。作为美国联邦法院司法改革的纲领性文件,[1] 该战略较为直接地阐明了美国法院依托信息技术建设便民服务型现代法院的司法服务政策：及时高效地满足司法服务需求、充分利用科技潜能，以及方便诉讼参与人接近司法。要点如下：

1. 满足司法服务需求

《联邦司法发展战略》阐明，美国法院的 6 项"核心价值观"之一是"司法服务"(Judicial Service)，即履行法定职责，忠于美国宪法和法律，甘于奉献，及时高效地满足陪审员、法院用户和社会公众的各种需求 (dedication to meeting the needs of jurors,

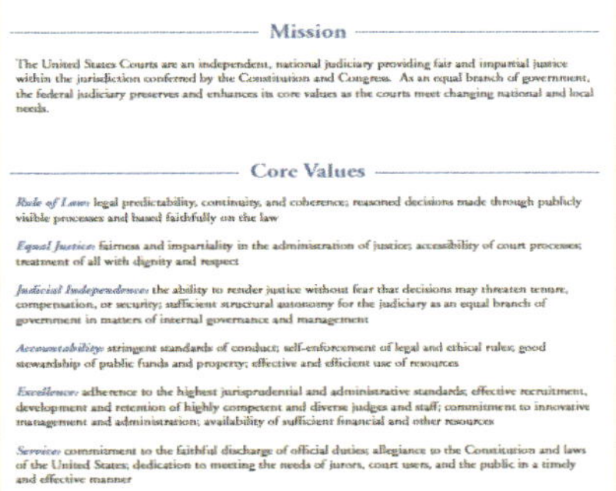

Mission

The United States Courts are an independent, national judiciary providing fair and impartial justice within the jurisdiction conferred by the Constitution and Congress. As an equal branch of government, the federal judiciary preserves and enhances its core values as the courts meet changing national and local needs.

Core Values

Rule of Law: legal predictability, continuity, and coherence; reasoned decisions made through publicly visible processes and based faithfully on the law

Equal Justice: fairness and impartiality in the administration of justice; accessibility of court processes; treatment of all with dignity and respect

Judicial Independence: the ability to render justice without fear that decisions may threaten tenure, compensation, or security; sufficient structural autonomy for the judiciary as an equal branch of government in matters of internal governance and management

Accountability: stringent standards of conduct; self-enforcement of legal and ethical rules; good stewardship of public funds and property; effective and efficient use of resources

Excellence: adherence to the highest jurisprudential and administrative standards; effective recruitment, development and retention of highly competent and diverse judges and staff; commitment to innovative management and administration; availability of sufficient financial and other resources

Service: commitment to the faithful discharge of official duties; allegiance to the Constitution and laws of the United States; dedication to meeting the needs of jurors, court users, and the public in a timely and effective manner

▶《美国联邦法院司法发展战略》阐明的核心价值

1　美国《联邦司法发展战略》发布于 2010 年 9 月 14 日，2015 年最新修正英文版全文下载网址是 http://www.uscourts.gov；中文介绍可参见蒋惠岭、黄斌编译：《美国联邦司法发展战略》，载《人民法院报》2012 年 9 月 14 日，第 8 版；李少平主编：《人民法院诉讼服务理论与实践研究》，法律出版社 2015 年版，第 94 ~ 95 页。美国司法会议经国会批准于 1922 年成立，负责为全国范围内的下级联邦法院提供指导并制定政策，由联邦最高法院首席大法官担任司法会议主席，成员包括 13 个联邦司法巡回区的首席法官和每个司法巡回区的 1 名地区法官。司法会议通过 25 个委员会开展工作。

court users, and the public in a timely and effective manner）。[1]

Strategic Issues for the Federal Judiciary

The strategies and goals in this plan are organized around seven issues— fundamental policy questions or challenges that are based on an assessment of key trends affecting the judiciary's mission and core values:

Issue 1: Providing Justice
Issue 2: The Effective and Efficient Management of Public Resources
Issue 3: The Judiciary Workforce of the Future
Issue 4: Harnessing Technology's Potential
Issue 5: Enhancing Access to the Judicial Process
Issue 6: The Judiciary's Relationships with the Other Branches of Government
Issue 7: Enhancing Public Understanding, Trust, and Confidence

These issues also take into account the judiciary's organizational culture. The strategies and goals developed in response to these issues are designed with the judiciary's decentralized systems of governance and administration in mind.

▶《美国联邦法院司法发展战略》阐明的 7 项发展战略

《联邦司法发展战略》阐明了美国联邦法院司法发展的 7 项重大战略及若干具体战略目标。其中，第 4 项和第 5 项重大战略与法院诉讼服务直接相关，第 7 项重大战略与法院诉讼服务也有一定关联。[2]

2. 充分利用科技潜能

《联邦司法发展战略》阐明的第 4 项重大战略是“充分利用科技潜能”（Harnessing Technology's Potential）。其中阐明，推广应用新技术将有助于司法机构满足法院、工作人员和公众不断变化的需求。技术可以有效利用时间，并加快工作进程。对于公众而言，技术有助于司法便民，包括案件

Issue 4. Harnessing Technology's Potential

How can the judiciary develop national technology systems while fostering the development of creative approaches and solutions at the local level?

Issue Description. Implementing innovative technology applications will help the judiciary to meet the changing needs of judges, staff, and the public. Technology can increase productive time, and facilitate work processes. For the public, technology can improve access to courts, including information about cases, court facilities, and judicial processes. The judiciary will be required to build and maintain effective IT systems in a time of growing usage, and judicial and litigant reliance. At the same time, the security of IT systems must be maintained, and a requisite level of privacy assured.

Responsibility for developing major national IT systems is shared by several Administrative Office divisions and Judicial Conference committees, and many additional applications are developed locally. In addition, local courts have substantial responsibilities for the management and operation of local and national systems, including the ability to customize national applications to meet local needs. The judiciary's approach to developing, managing, and operating national IT systems and applications provides a great deal of flexibility but also poses challenges for coordination, prioritization, and leadership. A key challenge will be to balance the economies of scale that may be achieved through certain judiciary-wide approaches with the creative solutions that may result from allowing and fostering a more distributed model of IT development and administration. The judiciary's strategy for addressing this issue follows.

▶《美国联邦法院司法发展战略》阐明的第 4 项重大战略

1　该文件阐明的美国法院的其他核心价值观包括依法治国、公平正义、司法独立、监督制约和业绩优良。

2　《美国联邦司法发展战略》阐明的第 1 项、第 2 项、第 3 项、第 6 项重大战略分别是：分配正义、有效管理公共资源、提升法院未来的工作能力、改善法院与其他部门的关系。

信息、法院设施以及司法进程。法院需要建设并维护有效的信息技术系统以增强司法公信和当事人对法院的信任。该重大战略项下阐明了基础设施、统一全国信息技术系统、司法绩效成本、工作模式 4 项具体战略，要求运用科学技术判断当事人的需要，并为当事人获取信息、服务和接近法院提供帮助。[1]

3. 方便诉讼参与人接近司法

《联邦司法发展战略》阐明的第 5 项重大战略是“进一步方便诉讼参与人接近司法”（Enhancing Access to the Judicial Process）。该文件认为，“律师和诉讼当事人可接近法院”以及“所有参与联邦法院诉讼的人受到尊重并理解诉讼过程”是法院的公平正义这个司法核心价值观的组成部分和重要内容。对任何参与联邦诉讼的人，包括诉讼当事人、律师、陪审员、证人和观察人士，法院应开放、便捷。联邦法院必须认真考虑是否能满足诉讼参与人的需要。

该规划包括两项具体战略目标，针对的是司法便民中存在的问

1 上述《佛罗里达州司法发展战略（2009—2015 年）》在目标设定和具体措施部分也阐明：州法院系统将加大科技投入和应用以增强当事人获得信息和服务，建立一个覆盖全州的信息技术系统，以支持高效的案件管理和法院资源的使用；统一全州法院系统的通信技术，包括电子申请、电子调度、律师和当事人出庭的电子记录等。上述《湖县法院发展战略》也规定，在充分保护隐私安全的前提下，安装可供查询法院文件和待审案件信息的电子查询机并允许在网上查询诉讼材料和待审案件信息，扩大视频电话会议的使用范围减少当事人、证人和被告亲自到庭的频率，采用先进的电子录音录像技术提升诉讼服务水准，采用交互式语音应答系统，以更好地为当事人服务、采取电子邮件或界面传真系统提高送达、通知开庭的能力；继续完善法院网站，特别注重加强其互动功能，以便诉讼参与人可以在网上办理诉讼业务而不必亲自到庭。具体措施包括：加强陪审团工作的网络化管理、提供个案审理进度的查询、在保护隐私的前提下查询待审案件信息及案件受理情况、在尽可能多的案件类型中采用电子方式提出申请、完善在线自助资源等。

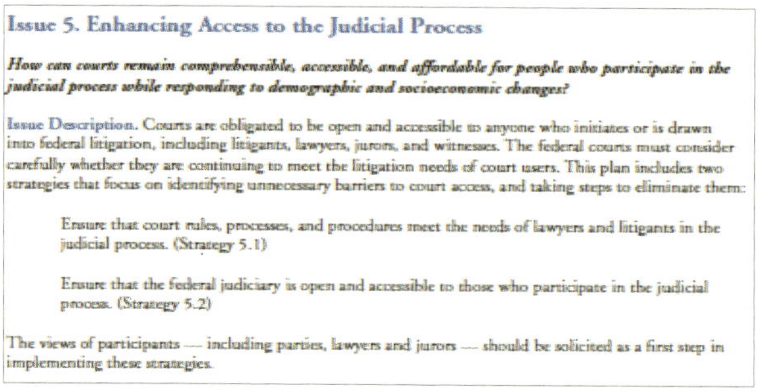

Issue 5. Enhancing Access to the Judicial Process

How can courts remain comprehensible, accessible, and affordable for people who participate in the judicial process while responding to demographic and socioeconomic changes?

Issue Description. Courts are obligated to be open and accessible to anyone who initiates or is drawn into federal litigation, including litigants, lawyers, jurors, and witnesses. The federal courts must consider carefully whether they are continuing to meet the litigation needs of court users. This plan includes two strategies that focus on identifying unnecessary barriers to court access, and taking steps to eliminate them:

Ensure that court rules, processes, and procedures meet the needs of lawyers and litigants in the judicial process. (Strategy 5.1)

Ensure that the federal judiciary is open and accessible to those who participate in the judicial process. (Strategy 5.2)

The views of participants — including parties, lawyers and jurors — should be solicited as a first step in implementing these strategies.

▶《美国联邦法院司法发展战略》阐明的第 5 项重大战略

题，以及如何采取措施解决这些问题。第 1 个具体战略目标是确保联邦法院规则、诉讼过程和诉讼程序满足律师和诉讼当事人的需要。要求确保程序规则公开出版或张贴在可获取的地方；在案件审理中采取灵活措施，同时在纠纷解决过程中降低当事人的成本，减少拖延以免对当事人造成不必要的负担等。

第 2 个具体战略目标是确保联邦司法系统让参与司法过程的所有人感到开放、便捷。要求司法机构的全国性网站和单个法院网站要向公众提供法院概况、法院规则、诉讼程序和表格、法院令状和判决以及法院诉讼日程等信息。法院开庭表和案件材料要在公众可登录的网站上公开。公众使用的法院表格应清晰、简单，法院设施要便于残疾人进入。[1]

（二）案件管理和电子卷宗系统

1. 系统功能

美国联邦法院案件管理和电子卷宗系统（Case Management and

1 鉴于联邦法院诉讼过程的复杂性，就该项重大战略，文件还设定了三个目标，使陪审员、诉讼当事人、证人和其他人更容易接近法院（make courts more accessible）：向陪审员、当事人、证人、旁听人员提供法院案件和法院工作可获取的信息；减轻陪审工作中的困难，改善公民担任陪审员时的个人感受；探索在民事和破产案件中诉讼代理人代理案件的最佳模式。

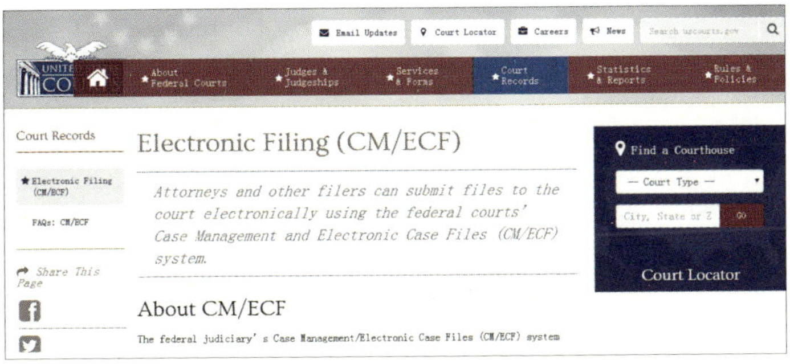

▶ 美国联邦法院案件管理和电子卷宗系统的相关情况说明

Electronic Case Files，CM/ECF，以下简称电子卷宗系统）是律师代理案件或非本人代理案件向联邦上诉法院、地区法院和破产法院进行网上立案，或通过电子方式提交文件的唯一渠道。通过该系统，律师或当事人可以在互联网上提起诉讼或提交诉答意见、动议及请求等，足不出户完成大量诉讼事务；法院职员可以向当事人发送各类电子通知，并对案件进行分类、存档，为法院节省用于文档收发和管理的大量司法资源。电子卷宗系统的应用程序开发和维护由美国联邦法院行政管理办公室负责。电子卷宗系统的运行，使联邦法院与律师或当事人互动的方式、案卷管理与材料收转方法等发生了革命性的变化。[1]

1 CM/ECF 电子卷宗系统最初于 1995 年 11 月在美国俄亥俄州北区联邦地区法院处理大量石棉案件时开始使用。由于每周几乎有上万件新的起诉，美国法院行政管理办公室帮助该院开发了允许律师在网上通过电子方式提交、检索并接收电子文档及通知的计算机技术系统。据统计，截至 2008 年 3 月，在全美范围内，CM/ECF 系统中共有超过 3000 万件案件，将近 35 万的律师及其他当事人通过此系统提交包括起诉书在内的各种文件。平均而言，每个月大约有 400 多万件新提交的电子文件进入该系统，其中一半左右为律师所提交。参见杨微波：《论美国的网上立案及其启示》，载《网络法律评论》2011 年第 1 期。

2. 操作流程

通过美国联邦法院 CM/ECF 电子卷宗系统进行网上起诉或网上提交材料，一般包括以下六个具体步骤：[1]（1）律师或自我代理案件的当事人需提交 CM/ECF 系统账号的注册申请。大多数实行 CM/ECF 的法院均强制要求律师通过网络提交诉讼材料。只有在特别情形下，获得法院的特别准许，方可用传统的书面方式进行起诉。[2]同时，注册只能以律师个人而非律师事务所的名义进行。[3]自我代理案件则由当事人自主决定是否有必要注册账号进行网上起诉。根据 CM/ECF 系统程序设定，申请注册 EM/CEF 账号必须先拥有 PACER 账号。（2）联邦法院批准 CM/ECF 账号的注册申请。各联邦法院一

1　有的联邦法院的 ECF 手册对如何进行网上起诉作出了更为具体的规定。例如，加州东部地区法院网上起诉的具体操作流程为：（1）选择案件类型（刑事、民事）；（2）输入案件信息，如管辖法院，诉因，是否要求陪审团，诉讼标的等；（3）输入案件当事人；（4）网上分配临时案号，诉讼费缴纳后可获得永久案号；（5）选择需提交的文件；（6）确认临时案号；（7）输入文件提交人即律师的被代理人信息；（8）输入被告信息；（9）创建律师与当事人之间的联系；（10）确定即将提交的 PDF 文件名及地址；（11）确定起诉状的附件；（12）必要时修改前述信息；（13）将起诉状提交至 ECF 系统；（14）接收网上起诉须知。

2　对于一些不适合网上提交的材料，法院仍规定以纸版提交，有些需要同时附上 CD/DVD 记录的电子版。如第九上诉法院关于网上提交材料的规定中，列明需通过传统方式提交的材料包括：案件启动材料，如上诉申请书，申请执行令等；记录的节选；保密文件；以及在案号分配之前所提交的文件。

3　根据研究人员分析，美国各联邦法院要求由律师而非其所代理的当事人名义申请 CM/ECF 账号的理由可能是：（1）在大多数案件中，实际上都是由律师代理当事人起诉并提交相关诉讼文书、进行诉讼；（2）CM/ECF 注册程序较为烦琐，经常使用上述系统的律师确有必要获得账号，但是偶尔涉讼的非自我代理的当事人没有必要花费大量时间精力完成注册及获准程序；（3）由律师申请账号，可以在最大限度上防止滥诉，并满足许多文件对签名的要求。如根据南卡罗琳娜地区法院 ECF 使用手册规定，律师的注册名、密码，以及电子签名，视为满足了联邦民事诉讼规则第 11 条对起诉的要求。理由分析参见：杨微波：《论美国的网上立案及其启示》，载《网络法律评论》2011 年第 1 期。

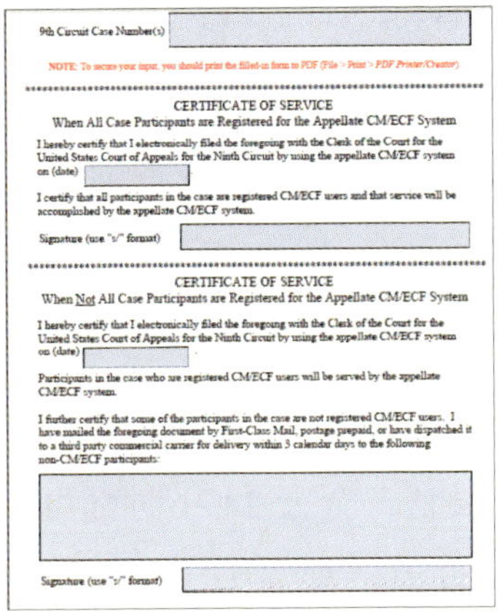

9th Circuit Case Number(s)

NOTE: To secure your input, you should print the filled-in form to PDF (File > Print > PDF Printer/Creator).

CERTIFICATE OF SERVICE
When All Case Participants are Registered for the Appellate CM/ECF System

I hereby certify that I electronically filed the foregoing with the Clerk of the Court for the United States Court of Appeals for the Ninth Circuit by using the appellate CM/ECF system on (date) .

I certify that all participants in the case are registered CM/ECF users and that service will be accomplished by the appellate CM/ECF system.

Signature (use "s/" format)

CERTIFICATE OF SERVICE
When Not All Case Participants are Registered for the Appellate CM/ECF System

I hereby certify that I electronically filed the foregoing with the Clerk of the Court for the United States Court of Appeals for the Ninth Circuit by using the appellate CM/ECF system on (date) .

Participants in the case who are registered CM/ECF users will be served by the appellate CM/ECF system.

I further certify that some of the participants in the case are not registered CM/ECF users. I have mailed the foregoing document by First-Class Mail, postage prepaid, or have dispatched it to a third party commercial carrier for delivery within 3 calendar days to the following non-CM/ECF participants:

Signature (use "s/" format)

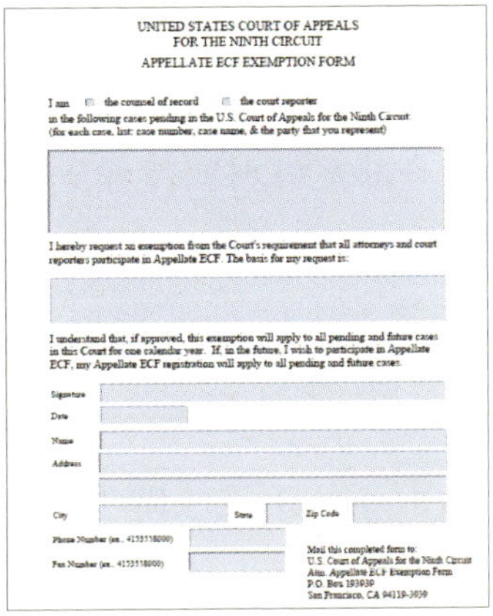

UNITED STATES COURT OF APPEALS
FOR THE NINTH CIRCUIT
APPELLATE ECF EXEMPTION FORM

I am the counsel of record the court reporter
in the following cases pending in the U.S. Court of Appeals for the Ninth Circuit:
(for each case, list: case number, case name, & the party that you represent)

I hereby request an exemption from the Court's requirement that all attorneys and court reporters participate in Appellate ECF. The basis for my request is:

I understand that, if approved, this exemption will apply to all pending and future cases in this Court for one calendar year. If, in the future, I wish to participate in Appellate ECF, my Appellate ECF registration will apply to all pending and future cases.

Signature
Date
Name
Address
City State Zip Code
Phone Number (ex., 4155558000)
Fax Number (ex., 4155558000)

Mail this completed form to:
U.S. Court of Appeals for the Ninth Circuit
Attn. Appellate ECF Exemption Form
P.O. Box 193939
San Francisco, CA 94119-3939

▶ 注册使用、免予使用 CM/ECF 系统申请（美国联邦第九巡回法院格式）

般都规定了本院批准 CM/ECF 账号的条件和程序。例如，根据联邦第九巡回法院的规定，法院批准大概需要 10 天左右，且申请律师必须被允许在该法院执业。从未在该法院出现过，也未向法院提出出庭申请的律师，其 CM/ECF 账号申请将无法得到批准。（3）通过 CM/ECF 系统进行网上起诉或材料提交。系统要求律师提交的所有文件必须符合格式要求，且需隐去一些“个人识别信息”。[1]（4）法院发送网上通知。文件提交后，系统会自动生成一份通知（Notice of Electronic Filing），证明法院收到了文件，并通过电子邮件寄给涉案的各方当事人。（5）网上缴费。加州东部地区法院等部分法

1 要求文件提交者必须在文件中隐去的“个人识别信息”主要包括社保账号、纳税人识别码、生日、未成年子女的姓名、财务账户号码等。在刑事案件中，还需要隐去家庭住址。在登录系统的时候，会出现一条提示信息，提醒隐去个人信息，系统要求系统使用人确认阅读了这条提示信息，并遵守文件编辑规则，才能完成登录程序。目前，CM/ECF 用户可提交文件的格式一般为 PDF 格式。为了增强安全性以及更便于归档，正逐步推广要求文件提交者使用新的 PDF/A 格式。

院在 CM/ECF 系统中设置了网上缴纳诉讼费的程序。申请者只需输入相关信用卡号即可完成诉讼费的缴纳。（6）网上起诉或材料上传完成后，全部案件材料传输到 PACER 网上便于公众查询获得。[1]

3. 服务效果

通过该系统进行网上起诉或网上提交材料，一方面方便了法院的案件卷宗材料管理，另一方面具有非常明显的便民诉讼服务效果。CM/ECF 系统不受法院工作时间限制，全天 24 小时都可以起诉 / 提交材料，且只要在晚上 23：59 前发出，都视为当天提交。此外，还可以节约当事人的纸张、复印及后续送达成本。如联邦第九巡回上诉法院规定，已经进行网上起诉的一方，无须向已注册 CM/ECF 的对方当事人提供任何纸版文件。

（三）电子记录公共访问系统

1. 系统功能

美国联邦法院电子记录公共访问系统（Public Access to Court Electronic Records，PACER，以下简称电子记录公共访问系统）允许用户从美国地区法院、上诉法院和破产法院获取已审和待审案件的

1　网上起诉完成后，各地法院对是否允许修改相关材料则规定不尽一致。加州东部地区法院规定一旦材料提交，则不允许再更改，而有的法院则规定相关材料不会立刻传输到 PACER 网上为公众获得，而是留出了一定的修改日期，修改前的电子文本仍会由法院保留，但不会为 PACER 用户所查阅。例如，蒙大拿州联邦地区法院规定，修改方需 7 个日历日内向法院为电子告知，并于 21 个工作日内向法院提供所修改的内容，法院工作人员将于 31 个日历日内完成修改。参见杨微波：《论美国的网上立案及其启示》，载《网络法律评论》2011 年第 1 期。

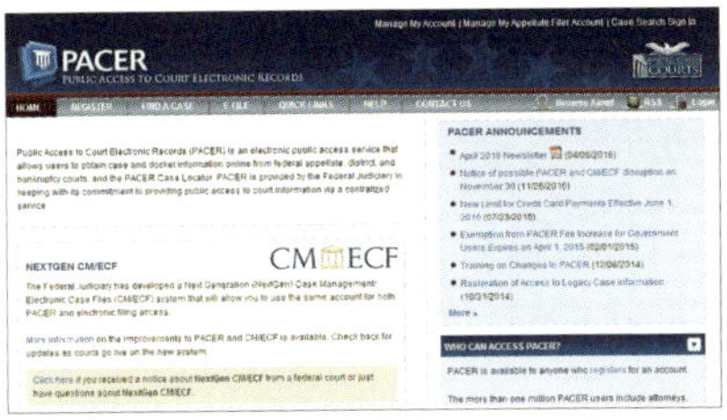

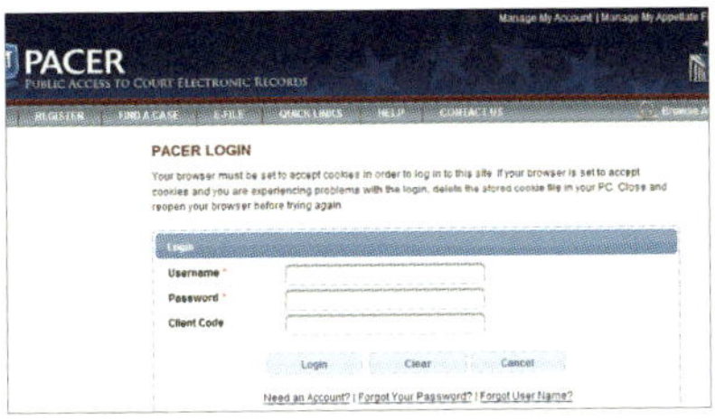

▶ PACER 网页界面

相关文件、案件统计表以及其他相关信息等。[1]用户可从法院办公室或者互联网访问该系统，并可打印和下载信息。PACER 由美国联邦法院行政管理局管理，众多服务器则由每个法院自己维护，为社会公众提供一个了解联邦法院信息的统一途径。

2. 服务内容

联邦法院电子记录公共访问系统提供的信息包括：[2]法官及诉讼参与人名单，包括律师及代理人；汇编的案例相关信息，如提起诉讼的情况、案件数量、诉讼性质、诉讼标的金额；进入资料系统的案件情况的年度统计表；诉讼的立案登记情况；每天新案件的名单；上诉法院的意见；判决或案件处理情况；部分类型的案件文件复印件；部分法院提供的影像文件的副本。[3]

1 PACER 系统的官方网址是 https://www.pacer.gov/。该系统在 2001 年完全实现网上查询之前，只能作为由图书馆和办公楼终端连接的系统。1988 年设立时，仅包含十几个地区法院、破产法院和上诉法院的案件信息，是一个电子公告系统。1997 年增加了美国案例索引目录，允许通过索引访问地区法院、破产法院和上诉法院的案例。

2 参见杨微波：《论美国的网上立案及其启示》，载《网络法律评论》2011 年第 1 期。为保护当事人隐私，社会安全管理案件（Social Security Administration Case）及移民案件信息（Immigration Case），法院不得向公众公开。另外，2004 年 11 月 1 之前的刑事案件电子记录，也仅对案件当事人开放。

3 将法庭录音录像提供在互联网上便于社会公众下载是最近几年美国司法改革的新举措。自 1999 年开始，经美国国会司法委员会批准，数码录音成为法庭正式诉讼记录的一部分，人们可以通过法院电子记录公共访问系统获得这些音频。

3. 服务收费

美国联邦法院电子记录公共访问系统靠用户交纳信息使用费提供资金支持，收费标准由联邦司法会议设定，但可申请成为免费用户。各法院一般会在其网站公布用户使用PACER系统的收费标准和交费方式等事项，收费金额因地域、法院和办理事项的不同而有部分差异，且可能作出调整。[1]

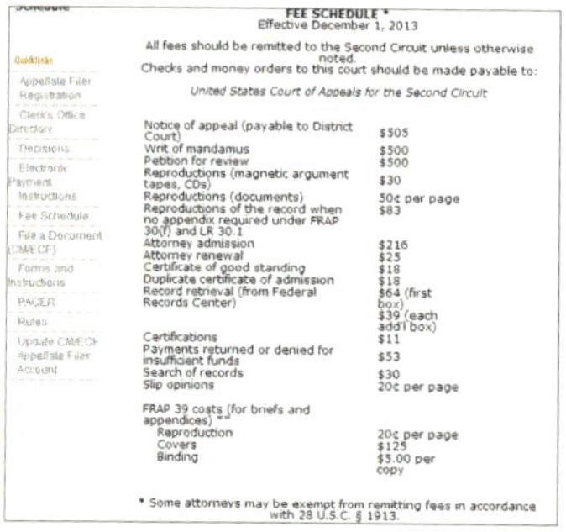

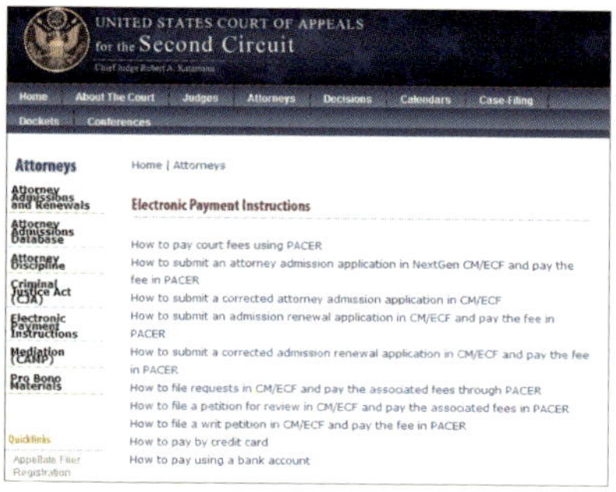

▶ 美国联邦第二巡回法院网站的“收费标准”及“电子支付说明”

（四）法院网站的各类诉讼服务

1. 网站服务概况

根据《美国电子政务法》的要求，联邦最高法院、巡回法院与地区法院、上诉法院以及破产法院等均应建设法院网站，并定期更新网站信息，加强对在线数据库的维护。司法实践中，无论是联邦

1 美国联邦第二巡回法院网站的收费标准和“电子支付说明”的具体内容，详见 http://www.ca2.uscourts.gov/clerk/attorneys/electronic_payment_instructions.html，2018 年 2 月 16 日最后访问。法庭意见的副本是免费发放的，用户通过法院电子卷宗公共入口便可免费获得。

法院还是州法院，都在法院网站公布法院的联系方式和地址、法院诉讼规则和条例、法院的内部规定、诉讼程序和表格、案件流程信息、与案件有关的实质性书面意见以及法院诉讼日程等。公众使用的法院表格应清晰、简单。同时，法院必须对各类信息定期更新，并提供多种电子下载格式。

2. 裁判文书查询

在裁判文书查询方面，联邦最高法院规定，最高法院裁决的任何案件宣判后，判决书都必须在 10 分钟内上传至官方网站。所有案件的判决书一旦上网就不得从网站上撤下，而且法院应当利用现代科学技术将上网的所有裁判文书以便利、适当的方式建立关联，方便检索、查询、对比和分析。

3. 诉讼笔录查询

根据美国司法委员会通过的《关于开放案件电子档案的私人查阅和公开的规定》，所有案件的电子卷宗必须对外公开，方便查询，只有特定的刑事等案件信息不得公开。因此，法庭应将诉讼笔

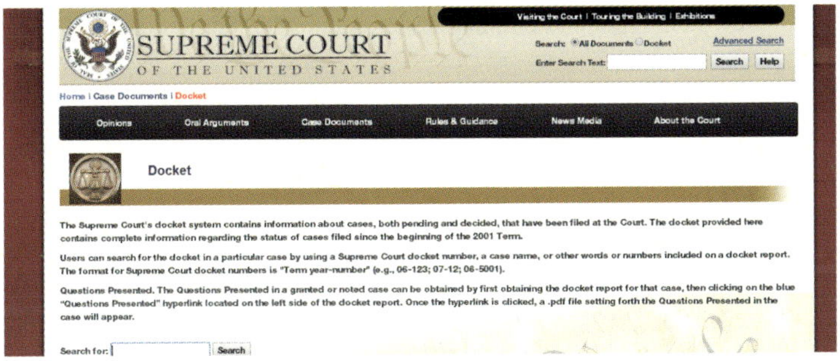

▶ 美国联邦最高法院网站的诉讼笔录查询界面

录电子副本上网，并按照一定格式范例命名。一旦诉讼电子记录送交书记员办公室，当事人律师有义务核实查对，并有权提出修改意见。对于诉讼笔录上网的时间规定是：庭审书面记录产生后必须在 7 日内转交给书记员办公室，律师审查核实后可在 21 个工作日内提出修改请求，法院在收到修改请求后 31 日内决定是否修改庭审记录，律师无异议或者修改完毕后，法院应当将诉讼笔录上网。也就是说，庭审的诉讼笔录必须在 59 日内上网。

4. 庭审音频和视频在线点播

各联邦法院官方网站公布的庭审音频和视频（Archived Audio and Video）可以在线收听、观看，也可以下载保存。即将或正在开庭案件的口头辩论（Live Oral Arguments），有的法院也会提前预告并可以在线实时收听、观看。联邦最高法院还把其制定的诉讼程序规则及

▶ 美国联邦第九巡回法院案件的音频和视频在线收听 / 观看界面

相关听证会的录音放到其官方网站上便于公众点播。[1] 俄亥俄州最高法院自 2004 年以来就将口头辩论录像档案上网。[2] 目前，俄亥俄州法院将视频和音频放在因特网上提供给市民查阅的范围正在进一步扩大。

（五）法院电话、信箱诉讼服务

美国法院一般都在网站或法院简介资料中公开与诉讼服务工作有关的办公室电话、信箱等联系信息。例如，美国联邦第九巡回法院就将其法院地址、信箱、电子信箱和总机电话号码以及负责诉讼事务的部门，特别是书记官办公室的直线电话号码在网站予以公

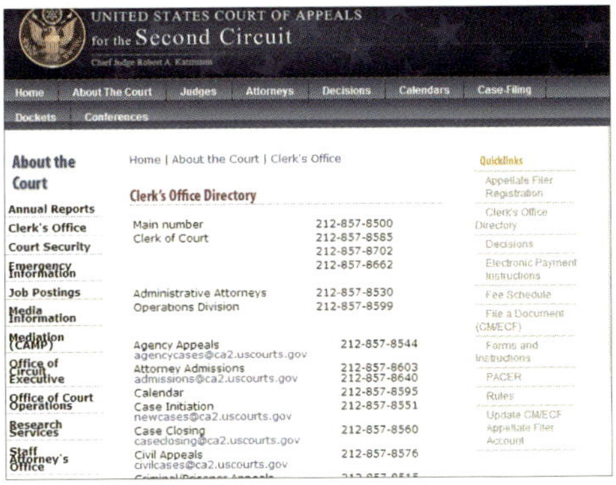

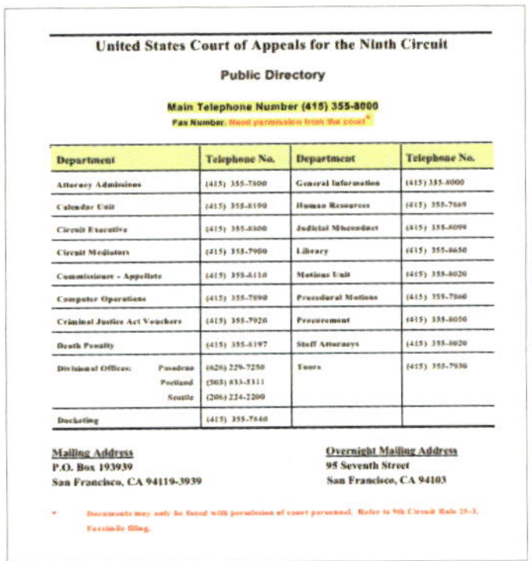

▶ 美国联邦第二、第九巡回上诉法院网站公布的电话、信箱等便民信息

1 公众可以选择直接在线试听，此时只需要点击链接，相关播放程序会自动弹出；也可以选择下载到自己的音频播放器上。目前的录音内容包括：（1）播客使用方法及订购方法。（2）有关联邦民事诉讼规则修正草案公开听证会的录音。该录音由民事诉讼规则咨询委员会提供，共分为五个部分，每部分时长从 40 分钟到 70 分钟不等，采用 MP3 格式。另外还包括“公民听证会名单”和“2008 年民事诉讼规则评论”。（3）有关联邦破产程序、民事诉讼程序、刑事诉讼程序的录音；等等。

2 俄亥俄州最高法院网站地址：www.supremecourt.ohio.gov。随着重新设计的网站在 2009 年 4 月推出，俄亥俄州最高法院的口头辩论的录音数据可以免费通过流行的音频和音乐门户播客 iTunes 获得。

布，以方便民众与法院沟通互动。

此外，针对如何提起上诉、不同上诉阶段的程序细节等具体问题，美国联邦法院也会向社会公布本院及辖区法院书记官办公室的直线电话或分机电话，方便民众联系咨询。

APPEALS CLERKS IN THE DISTRICT COURTS

An appeals clerk has been appointed in each district court's clerk's office to assist anyone who may have questions regarding the filing of appeal papers. The following list provides contact numbers/locations for the appeals clerks within the Second Circuit:

District of Connecticut	203-773-2140
Northern District of New York	315-234-8502
Eastern District of New York	718-260-2310 (Brooklyn, NY) 631-712-6030 or 631-712-6042 (Central Islip, NY)
Southern District of New York	212-805-0636 (New York, NY) 914-390-4100 (White Plains, NY)
Western District of New York	716-332-1708 (Buffalo, NY) 585-613-4016 (Rochester, NY)
District of Vermont	802-951-6395 ext. 119

SECOND CIRCUIT CLERK'S OFFICE

Any person with questions regarding appellate procedure in the Second Circuit should contact the Clerk's Office. Anyone with a case before this Court should speak with the Case Manager assigned to that matter. Set forth below are the relevant telephone numbers in the Second Circuit's Clerk's Office for use during the various stages of a civil appeal:

Case Initiation (until issuance of docketing notice)..............................212-857-8551
Civil Team..............................212-857-8576
Agency Team (for counseled civil appeals when U.S. is a party).........212-857-8544
Calendar Team..............................212-857-8595
Records..............................212-857-8620
Attorney Admissions..............................212-857-8603 or 8640

▶ 美国联邦第二巡回上诉法院公布的本院及地方法院关于上诉事项的咨询电话

二、韩国法院诉讼服务

(一) 法律依据

韩国法院诉讼服务的重要特点是制定法律文件，确保法院和当事人的行为有据可依、有章可循。以电子诉讼为例，2006 年 10 月 27 日，韩国颁布《催促程序中电子文书利用的相关法规》。2010 年 3 月 24 日，韩国颁布《民事诉讼中利用电子文书的相关法规》，给“电子诉讼”提供了法律依据。2010 年 4 月 26 日，韩国大法院颁布了《民事诉讼中利用电子文书的相关法规实行时间相关规定》，确定了从专利案件到部分民事案件，再到全部民事案件，最后到执行、非讼案件的顺序及执行计划。[1]

（二）信息技术保障

2015 年 11 月 30 日，国际电信联盟 (ITU) 发布《衡量信息社会报告（2015）》。该报告根据 2014 年全球 167 个国家和地区信息通信技术（ICT）发展情况，对各国家和地区信息通信技术发展指数进行排名。韩国使用网络的家庭接近 100%，通信上网普及率高，网速快，第四次高居榜首。信息通信技术的高度发达为韩国法院提升网络诉讼服务水平提供了必要的技术支持。[2]

1. 信息管理

韩国大法院设立了司法信息技术中心（韩国大法院电子信息

1 本节内容主要参考了缪蒂生：《法律信仰源自公正司法——随中国法官代表团访问韩国、缅甸有感》，载《人民法院报》2015 年 1 月 23 日，第 8 版；杨建文：《韩国民事电子诉讼制度的发展》，载《人民法院报》2013 年 5 月 5 日，第 8 版；亓晓鹏：《韩国法院信息化技术运用》，载《人民法院报》2011 年 5 月 6 日，第 8 版。韩国大法院的网站由大法院向导、消息、公告、宣传广场、参与广场、信息广场 6 个菜单组成。此外，网站还提供大法院介绍、新消息、公告、对法院的期望、判决书提供、申请、实时搜索案件等服务，发挥了与公民沟通的窗口作用。

2 信息通信技术发展指数是衡量各国家和地区 ICT 发展水平的综合评价指标，从 ICT 接入、ICT 使用以及 ICT 技能三个维度，选取 11 个分项指标加权计算得出。其中，ICT 接入包括固定电话普及率、移动电话普及率、人均国际出口带宽、电脑家庭普及率、互联网家庭普及率共 5 个指标；ICT 使用包括网民普及率、固定宽带人口普及率、移动宽带人口普及率共 3 个指标；ICT 技能包括成人识字率、中等教育毛入学率、高等教育毛入学率共 3 个指标。2012 年韩国的通信技术发展指数排名实现三连冠，2013 年排名第 2。排名前十的其余九个国家和地区是丹麦、冰岛、英国、瑞典、卢森堡、瑞士、荷兰、中国香港、挪威。我国排名第 82 位，相比上年排名上升 4 个名次；指数值为 5.05，略高于全球平均水平（5.03），显著高于亚洲国家平均水平（4.70）和发展中国家平均水平（4.12）。具体可参见 http://ydhl.cena.com.cn/2015-12/03/content_308344.htm，2017 年 12 月 31 日最后访问。

局），由大法院行政处下属的电子化信息管理局管理，统一负责全国法院的电子技术。工作人员包括 3 名负责法官、116 名政府公务员以及聘用的 1000 多名专业技术人员。司法信息技术中心以全国超高速网络为基础，引进电子管理系统，建立并持续推进“电子法院”建设。早在 1979 年，韩国大法院就委托韩国科学技术研究院研究计算机技术在司法工作中的运用。经过 30 多年的努力，韩国法院实现了高速网络连接，开发出了案件管理、数据查询、公共服务和不动产登记等信息化系统，形成了独具特色的信息化技术运用体系。[1]

2. 数据联通

1997 年，包括基层市郡法院在内的各级法院都实现了内部局域网连接，通过互联网及法院专网实现院际连接。1998 年，大法院网站开通，网页与法院各类数据库直接连接，公众可以通过该主页了解法院工作及其他司法信息，进行数据查询及获取公共服务。

为提高工作效率，法院与检察院、银行等部门也有网络连接。特别是在刑事案件中，韩国法院充分利用互联网，实现了法院与警察局、检察院、监狱之间的信息共享，大大提高了工作效率。

1 1986 年，开发了民事诉讼管理系统程序。2002 年，开发了审判事务管理系统程序。2004 年，全国所有法院构建并运用超高速司法电子网络。2007 年，网络建成后，开始支援法官进行管理审判日程、管理案件、自动生成电子判决书等审判事务，同时为法官能够顺利工作提供综合性帮助，如民事、家庭、行政、破产、专利等各类审判工作都拥有独自的系统，刑事案件通过刑事司法信息系统与警察、检察院和法务部交换有关电子信息，酗酒、无证驾驶等简易程序案件都通过电子简化系统进行审理。2009 年 3 月，开通诉讼文书电子管理系统，实现了诉讼材料提交和接收的电子化。2011 年 5 月 2 日，韩国普通民事诉讼正式启用电子诉讼制度。

随着电子诉讼的普及化，法院内外部之间的电子数据流通量也随之增加。为此，大法院扩大了法院内外部之间的宽带幅度，加强了网络传输的效率。除了加强内部电子系统的高级化与外部系统联系以外，大法院努力完善电子提交、电子案件管理、电子口述辩论等有关整个审判程序的电子事务处理系统。为实现司法信息系统的一体化，大法院在太田、釜山、光州建立数据中心，确保信息系统365天24小时稳定运行。

3. 司法信息数据库

韩国法院司法信息系统可以提供各级法院判决、现行法律法规等。为了方便查询，韩国法院专门建立了网上快速检索通道和大型司法信息数据库。截至2007年6月，该系统可以提供近8万份大法院判决、近5万份其他级别法院判决、2000多份宪法法院判决，以及包括宪法、法律、条约、强制执行令在内的其他法律规范。该系统可以及时将最新判决纳入数据库，并且建立了判决书与法律条文之间的链接，便于对比查看。此外，在检索中专门设置了法律词典、索引等，便于模糊查询。

4. 不动产拍卖信息系统

拍卖信息系统可以提供法院不动产拍卖方面信息，可以将拍卖信息在买方与卖方之间传送。同时，通过互联网提供待拍卖不动产的照片和地理方位。该系统还与不动产登记系统连接，以分享相关数据。韩国法院不动产登记系统于1989年完成开发，经过两次完善后从2002年1月起公众可以通过互联网便利地查看不动产产权证副本和不动产转移记录。在全国还设有1万多个自助查询机，只要将想查询的不动产信息输入机器，就能免费查到全国任何一处不动产的产权登记情况。除了可以方便查询外，韩国法院还在地方政府办公地点设立了400台自助机器，可以发放不动产权证副本和不动产登记记录摘要副本。

（三）电子诉讼

1. 功能概述

韩国法院电子诉讼的现状，已经超越了简单的材料储存手段。从书状的提交与送达，到各种庭前准备资料的交换，证据提交及决定是否采纳，判决书的书写和上诉，直到上诉后记录的保存，整个过程可以不需要打印一张纸，全部以电子形式完成。不仅法官，当事人和律师也可以通过法院设置的笔记本电脑将自己所需要的电子记录显示在大屏幕上，或者显示必要的法律法规以激光指示器进行法庭陈述，大大方便了民众诉讼。通过电子诉讼程序，审判人员和有关诉讼人员可以在电子法庭上用电脑实时查看电子记录，通过投影器、文件投影机、大型显示器等电子媒体，共享有关画面资料，审判程序的效率和透明度也大幅度提高。

2. 法官工作的相应变化

电子诉讼的实施也给法官的日常工作带来明显变化。20世纪90年代开始，韩国法官每天早上上班第一件事就是登录法院内网，确认新电子邮件，查看当天日程，并通过聊天软件与同事法官及其他参与人员就审判程序交流意见，之后正式开始当天的业务。

从2011年5月实施电子诉讼后，法官每天上班后在登录法院内网的同时，还需要登录法官综合审判支持系统，然后点击“电子文件箱”，在此查阅案件的整体进行情况，包括从案件受理到结束的所有过程。若想直接查看记录就按“记录阅览”键，若想查看案件笔录点击“案件笔录”键，若想确认送达或送达期限则可点击“案件搜索”键确认并分析案件；通过“电子文件箱”可确认案件的进行情况，通过“日程管理”可了解案件审判过程。在“日程管理”界面上，法官可以将日程分为“今日日程”“每周日程”“每月日程”来管理，案件的进行情况在日历上整理得一目了然。因此，在审判过程中，首席法官或陪审法官不必记录下一次审判日期，参与人员在系统输入日期及时间，日程会自动转到日历。

3. 电子送达

韩国法院实行职权送达主义，过去主要采用邮寄送达与执行官送达方式。电子诉讼实施后，法院职员在电子信息处理系统上点击“送达处理”键即可。为了防止送达对象因电子方式的送达没有及时确认而受到不利诉讼后果，在给输入电子信息处理系统的电子邮箱发送录入通知后，法院会再将这一事实同时以手机短信的方式传送到送达对象的手机。

《韩国电子诉讼法》第 11 条第 4 项明确规定，在接收送达的人确认电子文书时视为送达完毕；但向其通知录入事实后一星期内没有确认时，将视为文书在通知录入事实后的第 8 天送达完毕。因此，由于有法律规定作为依据，韩国电子送达是一次性的，法院不会再进行邮寄送达或执行官送达等其他送达方式，可以有效避免诉讼拖延。

4. 电子诉讼部

韩国各级法院设立电子诉讼部，负责裁决电子诉讼。电子诉讼部所受理的电子诉讼案件必须是当事人各方均同意使用电子诉讼的案件。但是，依照电子诉讼法及大法院的相关规定，国家、地方自治团体、公共机关是电子诉讼的义务方，以这些主体为当事人的案件应当分送至电子诉讼部。

截至 2012 年 5 月 31 日，韩国全国法院负责电子诉讼的裁决部有 322 个，数量还在不断增加。发展的方向是所有裁决部都将负责电子诉讼案件。据统计，在最早开始实行电子诉讼的专利诉讼领域，截至 2012 年 5 月 31 日已经受理各类案件总数为 1449671 件，每月平均受理 80537 件。其中，电子受理 434266 件，纸质受理 1015405 件。

三、我国台湾地区法院诉讼服务

（一）诉讼服务政策

一段时间以来，我国台湾地区民众认为法院官僚气息浓厚，与民众格格不入；民众不了解诉讼、申请事项程序等，在法院办事时到处碰壁，很难一次完成全部办理事项；法院里与民众有密切关系的业务及接触最频繁的部门，常分散在各处，民众到法院咨询、办事时，经常需奔走数个部门或窗口，甚至需等候很久，还无法办妥，效率低下、费时费力；此外，法院人员态度傲慢，也让民众对法院产生不满。

1999 年 2 月，我国台湾地区“司法院”翁岳生院长在就职致辞时，特别强调“司法为民”理念，将司法改革目的定位为以人民为主，落实“为民、便民、礼民”的司法政策，提供快速、便捷、现代化的服务品质，以期与民众建立信赖关系。

我国台湾地区“司法院”在“司改策进会”中，专设“便民亲民小组”，以便畅通民众多元反映渠道，吸纳社会民众意见，持续改进司法便民措施。

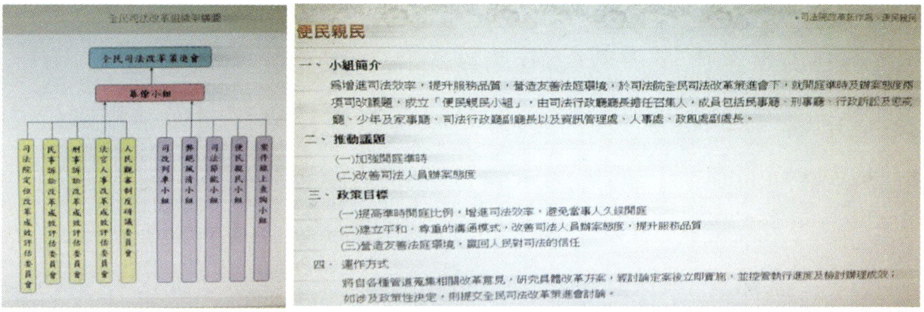

▶ 我国台湾地区“司法院”网站关于“司改策进会便民亲民小组”的部分介绍

在一系列“与民有约”活动中，我国台湾地区法院提出了“单一窗口联合服务”、“诉讼 e 化”和建设电子法庭、完善法律扶助制度等具体目标。在司法办公室自动化基础上进一步开拓了“三大主轴”：更进一步放眼审判环境 e 化，以提升裁判品质；法庭科技化，以增加审判公信力；充实司法院网站，以赢得民众对司法的信赖等。我国台湾地区法院还逐步推行了线上起诉及书状传送等网络诉讼服务举措，我国台湾地区法律扶助基金会提供的诉讼咨询等服务也很有特色。[1]

（二）科技法庭与卷证数字化

我国台湾地区的法院电子卷证系统把涉案视频、音频和图片纳入卷宗材料，传入审判信息系统，使诉讼过程变得形象易懂、证据呈现完整清晰。例如，台中“高等行政法院”为配合司法院推动科技法庭及卷证数字化的政策要求，自 2015 年 5 月起试办科技法庭相关业务，科技法庭推动小组会议决议从 2016 年 1 月 1 日起全面实施，初期以每股每月 2 件采行科技法庭的审理方式。使用科技法庭审理案件，在开庭前先就相关卷证数字化（Digitalize 或 Digitalise，也译为数位化、数码化、数据化），并运用 PDF-XChange 软件编辑索引、书签及目录等，以便庭讯时通过投影仪及电脑屏幕同时显示，增进提示数位卷证的便利与效率，让两造当事人、证人、参加人及旁听民众可以同步清晰阅览法官提示的卷证资料及法庭运作。为了有效整合当庭提示资料或证据，法庭还设有实物提示机。另外，为了方便当事人或诉讼代理人使用自行携带的笔记本电脑或平板电脑等设备来说明诉辩事由及展示相关证据，该院在法庭席还增设 VGA 及 USB 接口。为节省扫描卷证所耗费的大量人力和时间，避免重复扫描，该院积极推动与行政机关的协调合

1 本节内容主要参考 2016 年 4 月上海法官协会代表团赴我国台湾地区考察期间的调研资料，以及我国台湾地区“司法院”网站（http://www.judicial.gov.tw/）和台湾地区相关法院网站的网页资料。

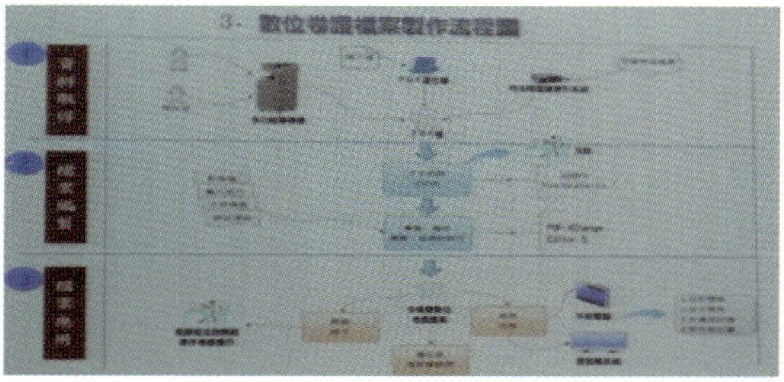

▶ 我国台湾地区“高等法院”的科技法庭数字卷证档案制作流程图

作，台中市政府法制局也同意从 2016 年 4 月开始随案提供诉愿卷宗的全部电子扫描文档。为了保护个人资料并对敏感文件保密，随案提供的文件电子档需加密并使用电子签章。

截至 2015 年年底，我国台湾地区已经完成一审、二审法院刑事法庭 284 间的数位投影仪、实物提示机、多功能展示电脑等硬件配置，便于律师和法、检三方利用大屏幕展示电子卷证。

JUDICIAL WEEKLY

司法周刊

司法院推動訴訟E化有成 105年完成全國一、二審科技法庭

民事及智財民事線上起訴、律師線上聲請閱卷將啟用 並持續建置相關應用系統

法院家事服務中心設立2年 成效顯著

▶ 我国台湾地区“司法院”《司法周刊》2016 年 1 月关于诉讼 e 化和科技法庭的报道

（三）线上起诉及书状传送作业平台

为满足当事人利用网络进行起诉、答辩、提出补充书状或传送证据资料的需求，我国台湾地区“司法院”在使用传统的传真及

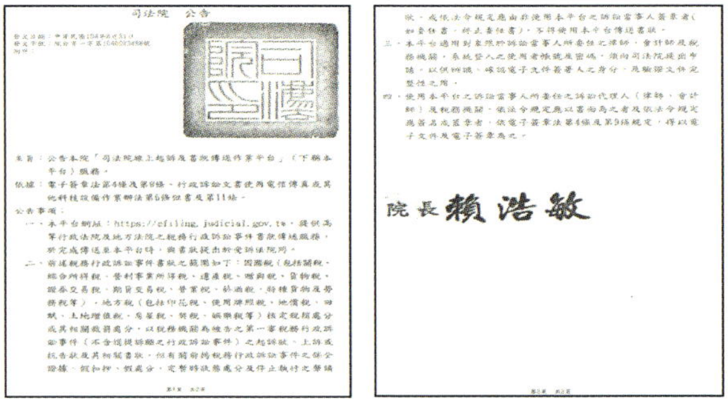
司法院　公告

主旨：公告本院「司法院線上起訴及書狀傳送作業平台」（下稱本平台）服務。

依據：電子簽章法第4條及第9條、行政訴訟文書使用電信傳真或其他科技設備作業辦法第6條但書及第11條。

公告事項：

一、本平台網址：https://efiling.judicial.gov.tw，提供高等行政法院及地方法院之稅務行政訴訟事件書狀傳送服務，於完成傳送至本平台時，與書狀提出於受訴法院同。

二、前述稅務行政訴訟事件書狀之範圍如下：國稅（包括關稅、綜合所得稅、營利事業所得稅、遺產稅、贈與稅、貨物稅、證券交易稅、期貨交易稅、營業稅、菸酒稅、特種貨物及勞務稅等），地方稅（包括印花稅、使用牌照稅、地價稅、田賦、土地增值稅、房屋稅、契稅、娛樂稅等）核定稅捐處分或其相關裁罰處分，以稅務機關為被告之第一審稅務行政訴訟事件（不含簡易訴訟之行政訴訟事件）之起訴狀、上訴或抗告狀及其相關書狀，但有關前揭稅務行政訴訟事件之保全證據、假扣押、假處分、定暫時狀態處分及停止執行之聲請狀，或依法令規定應由非使用本平台之訴訟當事人簽章者（如委任書、終止委任書），不得使用本平台傳送書狀。

三、本平台適用對象限於訴訟當事人所委任之律師、會計師及稅務機關，系統登入之使用者帳號及密碼，須向司法院提出申請，以供辨識、確認電子文件簽署人之身分，及驗證文件完整性之用。

四、使用本平台之訴訟當事人所委任之訴訟代理人（律師、會計師）及稅務機關，依法令規定應以書面為之者及依法令規定應簽名或蓋章者，依電子簽章法第4條及第9條規定，得以電子文件及電子簽章為之。

院長 賴浩敏

▶ 我国台湾地区“‘司法院’线上起诉及书状传送作业平台”公告

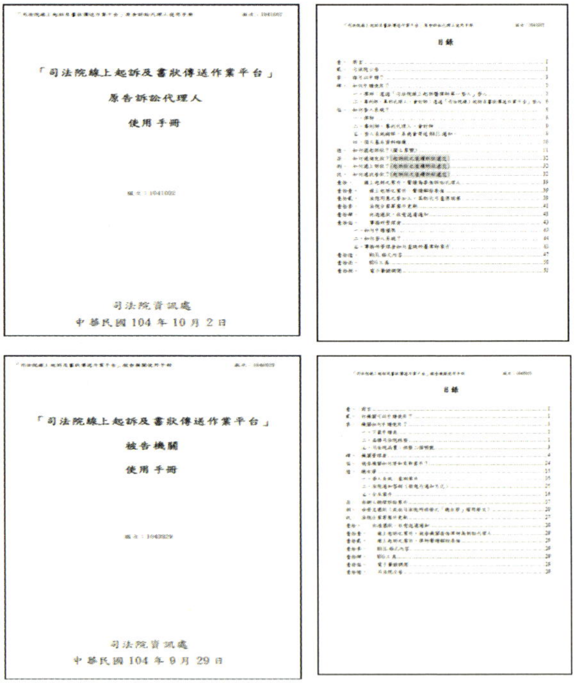
「司法院線上起訴及書狀傳送作業平台」

原告訴訟代理人

使用手冊

司法院資訊處

中華民國104年10月2日

目錄

「司法院線上起訴及書狀傳送作業平台」

被告機關

使用手冊

司法院資訊處

中華民國104年9月29日

目錄

▶ 我国台湾地区“‘司法院’线上起诉及书状传送作业平台”使用手册

电子邮件等方式外，还设置了“司法院线上起诉及书状传送作业平台”。[1] 为规范系统运行、方便律师等使用人操作，该系统还提供了长达 55 页的原告诉讼代理人使用手册和长达 31 页的被告机关使用手册等便民服务资料。

由于我国台湾各地经济发展水平、民众需求和司法理念等因素制约，我国台湾地区“司法院”推出的线上起诉及书状传送作业平台目前仅在部分法院实际运行，且仅限于律师、专利师、专利代理人和会计师事务所等可申请账号。其中，智慧财产法院行政诉讼案件于 2015 年 7 月 20 日启用该系统，行政法院税务行政案件于 2015 年 9 月 30 日正式启用该系统。

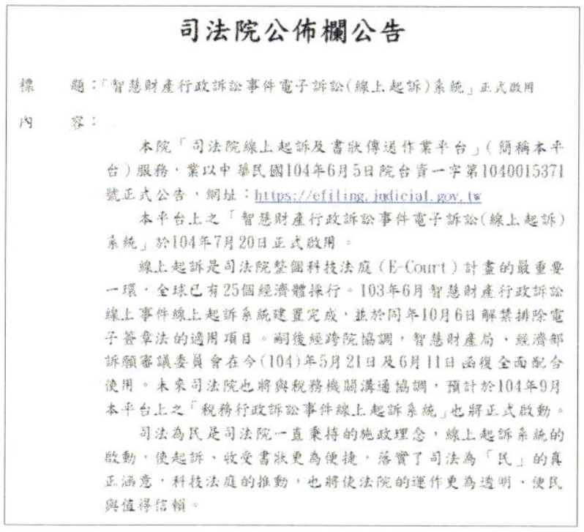
司法院公佈欄公告

標　　題：「智慧財產行政訴訟事件電子訴訟(線上起訴)系統」正式啟用

內　　容：

本院「司法院線上起訴及書狀傳送作業平台」（簡稱本平台）服務，業以中華民國104年6月5日院台資一字第1040015371號正式公告，網址：https://efiling.judicial.gov.tw

本平台上之「智慧財產行政訴訟事件電子訴訟(線上起訴)系統」於104年7月20日正式啟用。

線上起訴是司法院整體科技法庭（E-Court）計畫的最重要一環，全球已有25個經濟體採行。103年6月智慧財產行政訴訟線上事件線上起訴系統建置完成，並於同年10月6日解禁排除電子簽章法的適用項目。嗣後經跨院協調，智慧財產局、經濟部訴願審議委員會在今(104)年5月21日及6月11日函復全面配合使用。未來司法院也將與稅務機關溝通協調，預計於104年9月本平台上之「稅務行政訴訟事件線上起訴系統」也將正式啟動。

司法為民是司法院一直秉持的施政理念，線上起訴系統的啟動，使起訴、收受書狀更為便捷，落實了司法為「民」的真正涵意，科技法庭的推動，也將使法院的運作更為透明，使民與值得信賴。

▶ 我国台湾地区智慧财产行政诉讼事件、行政法院税务行政案件正式启用线上起诉及书状传送平台

1　我国台湾地区“司法院”线上起诉及书状传送作业平台网址：http://efiling.judicial.gov.tw。

（四）法院网站的案件资讯查询等其他诉讼服务

我国台湾地区各法院尚未开庭的审判资讯，都在我国台湾地区“司法院”网站上公开。公众输入打算查询案件的年度、字别及案号，或输入开庭日期区间或类别，即可以查出开庭日期、时间、类别等相关资讯。自 2007 年开始，我国台湾地区“司法院”网站已经可以提供一审、二审法院的“开庭进度查询”服务，民众可通过电脑查看法院当日所有法庭案件的即时开庭状况。根据网站提供的浏览信息，决定是否到法院参加开庭。我国台湾地区“司法院”网络系统还可向民众提供两个月以内宣判的民事、刑事和行政诉讼裁判书内容。[1]

我国台湾地区“司法院”网站还从事“法学资料 e 化之查询服务”，内容除“裁判书查询”服务之外，还包含“法学资料检索系统”服务，并提供查阅司法院外资料内容的服务，由大学法学院负责编辑。[2]

2000 年年底前，“司法院”已经完成了台湾地区各法院法庭笔录的全面电脑化。2002 年 5 月，已经陆续开放一审、二审法院电子

1　裁判书的内容分“内、外”，内部版供法官用，外部版供社会查阅。家庭暴力、性侵害、少年案件则属“绝对不公开”之列，故网上看不到个人信息资料。在“法院综览”下列的“法院行政业务”页面，有“民事征收费用标准”“民事诉讼事件裁判费征收对照表”“诉状参考范例”“庭期查询”“宣导短片”等页面供浏览。此外，网上还可以申请执法令，可以补交诉讼费；此外，法院网站还可以查询“法拍屋”拍卖不动产和动产相关资讯，包括不动产坐落地段、面积、外形照片和拍卖底价等；可以查询“消债事件公告”，提供有关各债务人详细资讯，以维护各关系人的权益；查询“法人及夫妻财产登记公告”服务，法院对来院登记的案号、案由、法人名称及登记日期等，每天上传，民众输入夫或妻之姓名及身份证号就可查阅。

2　“司法院”网站还提供“大法官资讯网站”服务。其中有中、英、日、德文版大法官解释相关资讯，随时发布最新讯息。

笔录，供依法有权调阅笔录的人在家里或办公室，通过电子签章的认证机在线调阅。此后，又新增了电子笔录调阅 APP，供民众安装在移动电话或平板电脑上，以便调阅电子笔录 PDF 文档。[1]

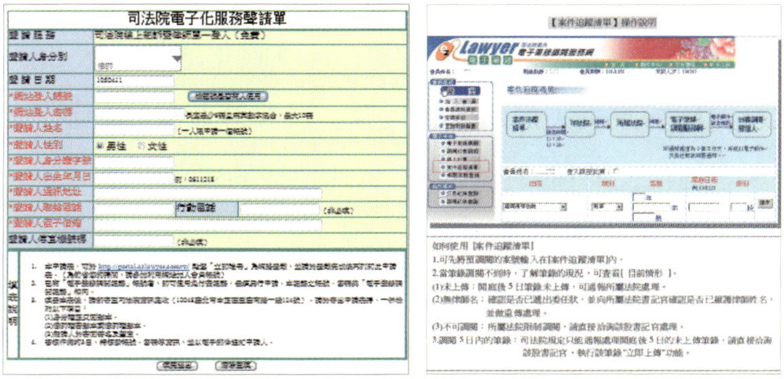

▶ 电子化服务申请单及电子笔录调阅 APP 安装说明

（五）单一窗口联合服务中心[2]

借鉴行政机关单一窗口做法（one-stop-service），[3] 我国台湾地区

1 此外，还新增手机短信回复功能，告诉律师需要调阅的电子档案已上传网站并可调阅。参见梁清：《论台湾地区的司法改革》，载《法律适用》2007 年第 12 期。

2 所谓“单一窗口”，根据“经济合作与发展组织”（OECD）的定义，是指“民众可以通过单一窗口得到多样化的（multiple）或集约化的（integrated）服务”。在我国台湾地区法院推行“单一窗口服务”之前，由蕃薯藤数位科技（股）有限公司技术支援赞助，在蕃薯藤新闻网站做的专题为“司法服务”的网络民调，单纯针对“司法行政”层次，司法“消费者”并不满意当前司法所提供的服务或产品，无论是对服务品质、服务态度还是法院的庄严性给出“很差”的比例都较高，均超五成之上，被称为“不及格的服务业”。

3 为建立一个精简、弹性、不断创新，并具有应变能力的企业型政府，加强政府的行政效能，在 1997 年我国台湾地区“行政院”院长萧万长就任后，致力推动政府再造工程，引进企业管理精神，推动便民、亲民、礼民的“单一窗口化”服务。所谓“行政单一窗口化”，就是让民众在办理行政事务时，只要在单一个窗口交件，就能获得全程亲切且有效率的便民服务。其工作要求包括“一处交件，得到全程服务；一次补件；制定标准工作时间；中午不打烊；改善服务态度”。

“司法院”要求所属各法院于 1999 年 8 月 31 日前本着单一窗口的精神，简化或调整现有司法行政事务之流程，将与民众接触频繁的部门集中设置于同一开放空间。无法集中设置者，则在集中办公场所设置窗口派员受理案件，采取一次全部完成的办公方式，设置法院便民、礼民的单一窗口联合服务中心及电脑化的便民服务措施。希望借此能如同行政机关之户政、地政、税务等业务的革新，为民众打开一扇亲切便民的窗口，提供更迅速便捷的服务。

基于司法事务有其特殊性，无法完全如同行政机关单一窗口办公方式，仅能简化或调整有关司法行政事务办公流程。单一窗口工作人员应对法院各项事务性工作有充分了解，并力求电脑连线作

▶ 我国台湾地区“高等法院”的为民服务中心和池上乡法律调委会单一窗口服务台

业。由法院指派具有服务热忱有经验的人员，就各项司法行政事务及诉讼辅导工作，以诚恳亲切的态度、简化的流程及计算机化的作业，提供民众各项服务，让民众获得“一处交件、全程服务”的便利，避免民众徒劳往返。我国台湾地区单一窗口联合服务中心设置的构想是采取开放空间、明亮、温馨及降低服务柜台高度的原则，不统一规定模式，由各法院依据实际硬件设备分别规划，使各法院的单一窗口联合服务中心各具特色。2001 年 5 月前后，我国台湾地区法院完成全面设置单一窗口联合服务中心的目标。[1]

1. 服务措施

（1）降低柜台高度。依事务性质的不同，分设不同的柜台，并降低了柜台的高度，使民众能够与服务人员平起平坐，更充分感受法院对民众的尊重，也使民众更愿意到法院来维护权利。

（2）提供志工服务。除了法院的工作人员外，各法院招募了许多热心服务的志工（包括退休返聘的人员）或大学法律系所的诉讼辅导员，按排定时间执勤，以专业、亲切、诚恳的服务态度，为民众提供各项服务。民众只要一进入法院，就会有热心的司法志工前来协助引导民众到适当的窗口，减少了民众浪费询问、奔走、排队、叫号等时间。

（3）中午不打烊。自 2001 年 8 月起，各法院在午休时间开放单一窗口联合服务中心，受理人民申办业务，使民众能利用午休时间

1　参见李少平主编：《人民法院诉讼服务理论与实践研究》，法律出版社 2015 年版，第 92 页；徐卫东、徐岱、傅穹：《人性化考量下的台湾地区司法改革》，载《吉林大学社会科学学报》2005 年 1 月。

至法院办理事项。全天候便民服务的提供，广受各界的认同与赞赏。

2. 服务特色

联合服务单一窗口的特色包括：

（1）位置明显：通常设于法院入口的一楼大厅，民众步入一目了然。

（2）标识清楚：各服务窗口承办人上方均挂有大型广告牌，标明服务项目。并将法院位置图、各科室院内位置图、法院电子网站、单一窗口联合服务中心电话、提供便民服务内容、家庭暴力防治中心等业务部门的电话及相关资讯均汇编印制成简介，分送民众参阅。

（3）明亮温馨：开放空间，设置敞开式的诉讼材料、证据材料“交接台”；邮政机构设在法院的敞开式邮件交寄处，所有邮政代办业务这里都办，包括车票、基金、磁卡、汽车强制保险甚至代销化妆品等；法院、银行共同设置敞开式结算台，包括银行的“自动柜员机”。需要与来人交谈的区位，一般情况下设置深色木板隔断，减少相互影响。

（4）流程顺畅：各项诉讼服务接续办理，不必四处奔走。相邻窗口机动互补，民众不须苦候。

（5）相关窗口均代售各种书状，不必往返排队。提供老花眼镜、印泥、原子笔、复写纸、书状范例、律师名册、倡导小册。

3. 服务内容

单一窗口联合服务中心的服务内容以一般司法行政事务为限，各法院依实际情况有所不同。除诉讼辅导科的 16 项诉讼程序咨询服务之外，[1] 单一窗口还提供收文、收状、收费、领款等服务。[2] 总体而言，单一窗口的服务柜台一般包括：代售窗口如售状、售邮等；综合受理窗口如收文、收状、收费等；诉讼辅导窗口；公证窗口；登记窗口；出纳窗口；其他依各法院实际情形得提供之服务窗口等。单一窗口联合服务的服务对象主要是已有案件于法院者之当事人本人或其父母子女配偶。

4. 服务实例

在我国台湾地区基隆地方法院，便民服务分单一窗口与联合服务中心两类。在单一窗口服务中心，将与民众接触频繁的诉讼辅导、收件、收费、开单、发放证人日旅费、影印、售状、代收传真等业务集中在同一办公处所。[3]

---

1 我国台湾地区诉讼辅导科的诉讼程序咨询服务内容一般包括：（1）辅导有关诉讼、少年保护、强制执行、破产、消费者债务清理、调解、公证、提存、法人登记、夫妻财产制契约登记及其他非讼事件等进行之手续。与实体诉讼法律关系有关之事项，不在服务辅导范围之列。（2）辅导上诉、申请检察官上诉、抗告、申请再审之手续。（3）辅导缴纳诉讼费、执行费、公证费。（4）辅导报到、递状及申请定期或延展期日等。（5）答复有关民刑诉讼及非讼事件程序之询问。（6）答复当事人有关裁判主文及案件进行情形之询问。（7）辅导办理具保、责付、撤销羁押、撤销通缉及撤销收容手续。（8）辅导办理发还领取提存款、刑事保证金、赃证物款及其他依法应办退库发还款项。（9）辅导请领裁判书类正本、裁判确定证明书、调解不成立证明书及其他应送达或发还之文书。（10）辅导阅览卷宗书簿。（11）办理法律扶助。（12）辅导或代为撰缮书状（程序事项）。（13）代售司法状纸。（14）倡导法律常识。（15）设置意见箱及处理相关事宜。（16）其他便民服务事项。

2 收文、收状、收费、领款等服务具体包括收受公文、各类诉状及裁判费、执行费、申请费、民事执行案款、刑事保证金、提存费等各项款项，领取民事执行处案款、刑事保证金、提存物，及退还裁判费等。

3 在服务中心还摆放沙发椅、撰状桌、倡导架、例稿架、饮水机、书报杂志、触摸式查询机等，另备有各项书状例稿、范例、文宣数据供民众取阅，亦备有老花眼镜，设置意见箱，欢迎民众提供建言。为方便民众夜间递状，均于晚上 10 时 30 分大门铁门关上之前，由法警室值班人员收受书状登簿，翌日交由单一窗口收状人员收受。

在联合服务中心，为给民众提供全方位的服务，一楼大厅中央设有四个驻外单位：基隆律师公会、法律扶助基金会基隆分会、基隆市政府驻台湾基隆地方法院家庭暴力事件服务处及家事服务中心。由专业的律师及基隆市政府服务人员为民众提供诉讼辅导、法律咨询及家事申请等服务，让民众不用再为了申请其他单位的服务而劳途奔波，享受基隆地方法院“亲民便民、一次到位”的服务。

在我国台湾地区高雄地方法院，单一窗口联合服务中心设有“诉讼咨询及查询”、“收文、收状”及“收费”三大类服务柜台共13个。在诉讼咨询及查询方面，服务中心受理各种法律程序咨询及案件咨询，但查询事项有涉公务员职务上应守秘密，及有关实体上问题者均不在解答或答复之列。联合服务中心对于各解答事

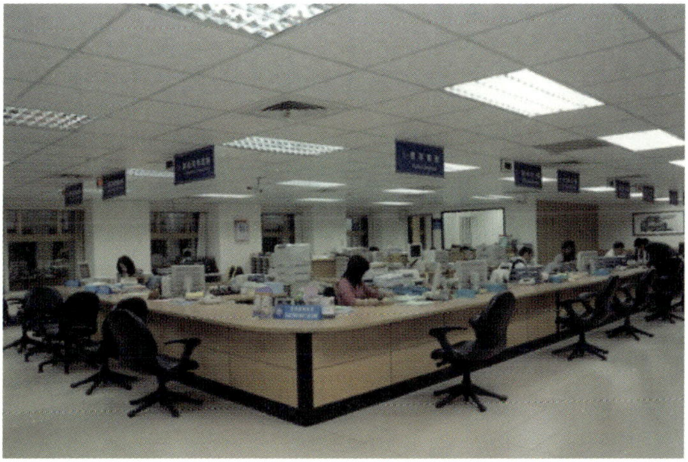

项仅供当事人参考，不具任何法律上之拘束力。此外，该院也设有法律扶助基金会驻点服务。[1]

5. 服务效果

自设置单一窗口联合服务中心便民服务各项措施后，民众对法

1 资料来源：我国台湾地区高雄地方法院官方网站。民众进入服务中心后，有志工引导选择服务项目，使用触控式面板选择待办事项后，依民众所选择之项目给予号码牌，依叫号顺序办理事务。联合服务中心还备有轮椅、老花眼镜及六法全书，可依需要向柜台登记借用。在缴费方式上，包括指定银行柜台缴款、自动柜员机缴款（实体ATM）、网络缴费［包括“司法院”网站在线付费服务区之“多元化缴费服务”，或欲使用缴费之银行（邮局）网站］以及在便利商店缴款。同时针对需补缴费用者，创设多元化缴费方式，当事人可以通过ATM方式进行缴费，全天24小时皆可，无须亲至法院缴费，但要在规定期限内办理，否则只能到院缴费或以汇票方式办理。在收文、收状上。除了工作时间可以递状（中午不休息）外，还可以在非上班时间（平常日：17:30 ~ 24:00，节假日：8:00 ~ 24:00）至该院法警室窗口递状，由值班法警人员收受。当事人可通过书面递送、电子信箱（文书专用）、传真（文书专用）、邮寄方式递送，并可以通过电话、电子信箱等方式查询收状情形，注明回复电话号码，承办人员接到查询后，向相关部门查证或调取资料，于下一个上班日予以回复。除了三大服务柜台之外，高雄律师公会还在一楼大厅设置了“平民法律服务中心”，由一名律师驻守，为民众免费解惑，每天有名额限制，并且不以电话回答问题。服务对象包括：经政府核列为一级、二级贫户之人；其他无力聘请律师之人，亦得视其案情，酌量给予服务。

院的服务品质及效率的满意度已明显提升。“司法院”统计处委托民间民调公司所作“一般民众对法院服务满意度调查”之结果显示，民众对法院办事效率、工作人员的服务态度，表示很好者比例均提升不少；尤其对“单一窗口联合服务中心”与“法院所提供的志工所带来的帮助”，评价满意度达70%以上，高于其他参评项目。[1]

（六）法律扶助基金会

1. 扶助对象

我国台湾地区的法律扶助基金会（以下简称“法扶会”）成立于2004年，性质属于独立的财团法人，经费绝大部分来源于“司法院”拨款。[2]“法扶会”的最高决策机构是董事会，董事会人选由

1　参见侯建英：《台湾司法实务之改革掠影》，载《当代法学论坛》2011年第3辑。我国台湾法院的其他便民举措还包括：自2004年起，应我国台湾地区“司法院”要求，各法院内的重要路段增设中英文对照指示标志，相关广播增加客家语、闽南语服务。在法院设英语、法语、葡萄牙语、西班牙语以及东南亚诸语以及原住民族语言、客家语、广东话、手语等通译的现职人员和外聘人员，并分类建册公布于司法网站。在基本设施建设方面，我国台湾法院普遍设置有无障碍车位、电梯、厕所以及要求在网上设置无障碍网页等。推进审判法庭的席位调整，统一降低法庭内法台高度，少年及家事法庭改圆桌会议，与诉讼参与人同坐，方便案情探讨及意见交换。要求为来参加庭审的当事人、证人及鉴定人设置休息区，提供开庭号次显示设备和安放介绍司法业务的电脑、电视。我国台湾地区各地方法院根据本地实际情况，也推出了若干司法便民、亲民服务举措。例如，台南地方法院专门设置了“少年100法治教育成长营”，用来举办少年犯和家长培训班，并配备讲台、单扶手记录板式坐椅。在“家事调解室”的设计上，采取里外套间的方式。里间是调解用的办公室，外间为陪同当事人来院的人员的休息室，设置沙发、图书杂志、饮水机等。为帮助安抚未成年人情绪，摆放儿童玩具、布娃娃等。在“作证室”设置玩偶，为有些不善于表达或难于表达的证人表达具体动作细节方便而专门准备。开辟《家事园地》专栏，设置若干具体亲切的“叮咛”条款，如“调解程序进行中的小叮咛”包括“以理性沟通来解决问题”“以小孩的最佳利益来考虑”等。

2　例如，2014年，我国台湾地区“法扶会”的总收入为台币9.5亿元，其中我国台湾地区“司法院”拨款等政府捐助、政府专案计划及其利息收入就占98.7%，民间捐赠等收入仅占1.3%。

“司法院”院长聘任。[1] 根据 2015 年正式施行的新修正“法律扶助法”，法律扶助的对象主要针对因无资力而无法受到法律适当保护及无法主张法律上权利者，或虽非无资力但依法应给予扶助者，如涉犯最轻本刑 3 年以上有期徒刑，或因心智障碍因素无法在法庭上陈述等强制辩护案件。

2. 扶助方式

我国台湾地区“法扶会”的统一热线电话为（区号）4128518。“法扶会”还设有法咨预约专线电话（02）33226666 和法律扶助专线电话（02）66328282，网路预约为 www.laf.org.tw。[2]“法扶会”的服务主要包括法律咨询、调解、和解、法律文件撰拟及诉讼之代理或辩护等。

（1）法律咨询。为给民众提供更加简便的服务，对进行法律咨询的民众无须进行资力审查，节省民众寻求法律咨询流程。除提供面对面服务外，个别地方可以提供视讯法律咨询。[3]

（2）律师陪同到场服务。为衡平民众与犯罪侦查机关之间法律专业知识的落差，协助民众行使防御权，“法扶会”自 2007 年起，

1　董事会人选具体包括“司法院”“法务部”“国防部”“内政部”代表及律师、法学专家、弱势团体及原住民代表。同时还设有监事会。“法扶会”以保障人民基本诉讼权利为宗旨，根据章程提供法律扶助。“法扶会”共设有 21 个分会，并分别设有驻点，负责受理、审查法律援助申请，指派律师及给付报酬等具体事项。

2　参见梁弘儒主编：《法扶丛书：那十年，我们一起走过的路——法律扶助基金会 10 周年特刊》，财团法人法律扶助基金会 2014 年出版，第 14 页。

3　“法扶会”屏东分会于 2006 年率先开办视讯法律咨询服务，其他分会也纷纷学习，并与外部单位合作，以网络视讯设备提供咨询服务。民众可通过上网查询或电话预约，向分会或各驻点申请视讯法律咨询服务；新竹分会还于 2015 年试办在家视讯法律咨询服务。民众除了可以到各驻点申请视讯法律咨询外，如设备及预约时间允许，可在家直接与分会视讯联系，获得法律咨询服务。目前，该项服务还处于试行阶段。

开始办理“检警第一次侦讯律师陪同到场专案”，提供律师陪同到场服务。民众如有涉犯3年以上有期徒刑之罪，遭到拘提、逮捕、申请羁押，或没有收到传票、通知书，而临时要求接受侦讯，就该案件第一次侦讯，可以向法扶会提出申请。法扶会提供24小时全年无休的律师陪同侦讯服务。此外，法扶会还办理“原住民检警侦讯律师陪同到场专案”，加强对原住民的司法保护。

（3）一般及专案案件服务。案件范围包括刑事、民事、家事、行政、消费者个人债务清理事件法律扶助专案、受劳动部委托办理劳工诉讼扶助专案及受原民会委托办理原住民法律扶助专案。[1]

3. 扶助成效

据统计，2014年，“法扶会”共接受扶助申请143889人次，其中包括法律咨询81840人次、检警侦讯律师陪同到场服务10060人次、一般案件45133件、消债案件2947件、劳动部委托案件2050件、原民会委托案件1859件。扣除驳回、撤回案件，共扶助120283人次。自2006年起，各分会陆续提供网络视讯法律咨

1 “法扶会”创建了自己的网站（包括中英文版）、Facebook、部落格等网络平台，定期维护更新相关资讯，宣传法扶会业务、生活法律常识，分享受扶助人或律师的心情故事，帮助民众了解法扶会业务内容及服务理念。同时还提供下载服务。与访客形成有效互动，民众可进行留言资讯相关法律问题，获得一般性法律资讯及法服会的服务讯息。法扶会在对内服务律师方面，推行服务e化。基于其拥有最多的律师基本资料，针对扶助律师提供线上律师对账系统，提供线上查询酬金给付明细。“法服会”还致力于日常的法律宣传、法治教育活动。自2006年起开始将每年7月的第二个星期六定为“法扶日”，由所有分会在校园、看守所、少年观护所等地方开展业务宣传与法治教育活动。还与其他的社会资源合作，如与电视台合作开办访谈节目，针对不同的法律主题进行节目访谈。为协助偏远地区的弱势民众方便申请法律扶助，平衡城乡之间的法律资源，“法扶会”开展定期驻点与不定期的外展法律服务，在外国人收容所、社区活动中心、女子看守所等地点，为民众提供多元化的服务和申请渠道。例如，“法扶会”曾办理高雄气爆、澎湖空难等社会各方关注的重大专案。

询服务，截至 2014 年年底，“法扶会”共提供视讯法律咨询服务 2489 人次。

四、我国香港地区法院诉讼服务

（一）司法改革政策

2000 年 2 月，我国香港地区（以下简称香港）成立“检讨民事诉讼程序工作小组”（后改称民事司法制度改革工作小组），检讨法院的民事诉讼规则和程序，研究改革措施，以便解决香港民事诉讼程序中存在的诉讼费用高、审理期间长、诉讼程序复杂等问题，确保市民能以恰当的诉讼费用，在合理期限内把争端诉诸法院，并获得公正解决。2004 年 3 月成立民事司法制度改革督导委员会，负责全面实施改革有关事宜。2007 年 4 月，《民事司法制度（杂项修订）条例》（草案）提交立法会审议。2008 年 2 月 5 日，香港特别行政区《民事司法制度（杂项修订）条例》（2008 年第 3 号条例）正式发布，于 2009 年 4 月 2 日正式生效。[1]

香港此次司法改革的一个重要特点是司法便民化。无论是改革

1　2001 年 11 月 21 日，工作小组发表了《中期报告及咨询文件》，提出了 80 项改革建议，并公开咨询和征求意见；2004 年 3 月，工作小组完成并发布了《民事司法制度改革最后报告》，指明改革方向并提出 150 项改革建议，得到终审法院认可。结合香港的实际，工作小组在最后报告书中明晰地概括了改革的目标：“改革措施必须能够达到改革的目标，

目标还是改革内容，都体现了改革的民主化、便利化。改革后的法院规则中，程序精简、成本低廉的制度构造处处可见，如起诉方式的简化、各程序所需步骤的减少、法庭每次聆讯处理事项的增加、诉讼费制度的改革、书面审理方式的增加、对程序问题裁决的上诉施加限制等。同时，此次改革还提出若干配套措施。例如，完善现有的信息科技设施，改善数据管理系统，以配合法官进行积极的案件管理，在科技法庭设置电子存盘系统及电子文件共享系统。

为具体指导和落实民事司法制度改革，终审法院发布24份系列《实务指示》，详细列明法庭规则及程序。在对所有法官及

即提高本港民事司法制度的成本效益、简化民事诉讼的程序和减少诉讼遭拖延的情况；同时，所有决定都必须符合'程序公正'和'实质结果公正'这些基本要求。"其具体目标是，提高须在法庭进行的法律程序的成本效益；确保案件在合理切实可行范围内得到尽速有效处理；提倡在进行法律程序中举措与案情相称及程序精简的意识；确保在诉讼中各方达致公平；确保法庭资源分配公平。除了修订法规外，为配合民事司法制度改革，还修订了相关的法院规则。2008年6月，新的《高等法院规则》与《区域法院规则》发布。2009年1月，新的《终审法院费用规则》和《区域法院民事诉讼程序费用规则》发布。2009年3月，新的《婚姻诉讼费用规则》发布。此次改革的主要内容包括：（1）赋予法庭更广泛和更具弹性的案件管理权力，以便管理案件的进度。案件管理作为改革重点之一，主要解决案件审理过度拖延、讼费增加的情形，由法庭监管法律程序，法庭在案件初期会和诉讼双方订下时间表，并一般不予轻易修改，以确保案件进行的效率。（2）简化、改善包括起诉、审判、上诉、证据制度等民事司法程序。如放宽对原告选择起诉方法的各种限制，免去聆讯程序，引入上诉许可，减少额外费用、避免拖延诉讼。（3）鼓励及促成和解。设立"附带条款和解提议"及"附带条款付款"规定，允许原告提出和解提议。扩大诉讼前文件披露的适用范围，利于双方在诉讼前磋商。（4）让法庭资源得到更佳的分配和运用。法庭根据与讼人提供资料，限定证人数量及庭审时间；改革诉费制度使诉费支付更合理、简便，增加法庭的自由裁量度，引入简易程序评定诉讼费程序。法庭也可仅根据书面文件评定诉费承担，免去聆讯。新增"仅涉诉费的法律程序"，如各方仅就诉讼费的支付产生争议，即可提出申请。

相关人员进行专门培训的基础上，安排富有经验的工作人员在高等法院和区域法院等提供咨询和解答。司法机构还出版了13本小册子，对实施民事司法制度改革后，高等法院和区域法院进行的民事诉讼程序作简要说明，包括进行民事诉讼的适当程序，诉讼各方如何向法院申述、提出证据及其他资料等具体内容，有助于诉讼各方了解民事司法制度改革方案，并对其合理行为作出指引。总之，正如香港司法界所言，在“方便民众、易于操作、成本较低、温暖而富有人性”的民事司法制度之下，市民消费法律的能力和热情大为提高。香港终审法院首席法官李国能认为：“民事司法制度改革标志着香港民事司法制度发展的一个重要里程碑。”

（二）高等法院无律师代表诉讼人资源中心

针对无律师代表的诉讼人不懂法律、法庭程序以及不能有效说明诉讼理据，但无律师代表诉讼的比例居高不下的现状，为避免对司法时间和司法资源的进一步浪费，香港高等法院成立无律师代表诉讼人资源中心（以下简称中心），由法院政务处负责管理和运作，协助无律师代表的诉讼人在高等法院及区域法院进行民事诉讼，并处理有关法院规则和程序的事宜。中心工作人员不是法律专业人员，不会提供法律意见，亦不会就案件的是非曲直作出评论。中心设有监督员提供免费的宣誓及声明服务，协助需要提交非宗教式誓词／宗教式誓章以便为案件做准备的无律师代表诉讼人。中心也会就填写法庭表格和呈交法庭文件册方面的事项给予指导。提供数台电脑供公众查询资料，公众还可链接司法机构网站、法律援助署及其他提供免费法律意见的组织网站，从而得到比较可靠的法律讯息。电脑内也设有无律师代表诉讼人常见问题的资料库，供使用者参考。当事人可以观看解释诉讼程序的录影带，也可以直接询问中心的职员。[1]

（三）法院其他诉讼服务举措

1. 完善庭审旁听

在法院网站上公布庭审信息，同时在各法院及审裁处的显要位置（如终审法院的法庭外，高等法院大楼内墙、裁判法院的外墙）张贴排列整齐、格式统一的审讯案件表，列明法庭、法官、时间、案件编号、诉讼各方、控罪性质、应讯代表等内容。民众可以在各法院登记处进行审讯案件查询。通过旁听制度的完善，香港法院努力为民众提供高度透明的案件庭审信息，为自由旁听提供最大限度的方便。

2. 裁判文书公开

香港各级法院的判词集中在香港终审法院网站“判案书及法律参考资料”栏目中。一般情况下，判案书将于送达后 3 个工作日内上传至终审法院网站。重要的案件、公众关注的案件，则可于宣告当日在“新裁判案书”一栏找到。自 2008 年 8 月开始，香港司法机构已把自 1995 年以来的具有法学价值之中文判案书连同其英文

1 关于香港“无律师代表诉讼人资源中心”的详细介绍可参见李少平主编：《人民法院诉讼服务理论与实践研究》，法律出版社 2015 年版，第 87 ~ 89 页。

译本上传至司法机构的网站，作为资料库中新增的分类资料，供民众查询。

3. 便民科技应用

香港法院的科技应用由司法机构政务处负责，采用科技手段为民众提供服务。全面采用数码录音和膳本制作服务系统记录法庭所有法律程序，如果当事人对庭上所言有争议，可以通过重听录音而迅速解决；如果需要书面记录，法院另有誊录组专门制作聆听膳本，以作上诉之用。自 2003 年就设立专用科技法庭，设施包括多媒体播放装置、实物投影机、电子文件处理系统、视频会议系统、数码录音及誊写系统等。其中，视频会议系统可以提供远程取证、作证服务；电子文件处理系统在提供资料快速存取、显示的同时，提供三种语言或方言的同步传译；法庭外的大堂设有摄影投射系统，向有兴趣听审但又未进入法庭的人播放有关审判进程；法官、诉讼参与人可以随时随地上网取阅案件文档，提供远程阅读服务。另外，香港法庭为参加诉讼的当事人和旁听人员提供同声传译设备，既方便当事人诉讼，又为市民旁听提供了方便。

4. 案件进度排期及查询

不同类别的案件审理流程差别很大。法律并没有对案件的审理期限作出规定。诉讼各方均需向法庭提交排期问卷，回答与审理进度相关的各种问题。[1] 法庭会按照确定的时间表举行案件管理会议。在上述程序中，当事人的参与度极高，可以随时了解到案件进展。

1 如果要求法庭订出审讯日期，应在提交排期问卷时附上一份文件，详细说明己方开审陈词、对己方每名证人的主问、对另一方每名证人的盘问和己方结案陈词预计需要的时间。

如果要查询聆讯日期，可以到登记处讯问，也可以在法院网站的电子服务栏内通过输入案件编号获得。电邮查询仅是一般程序的查询，除此之外任何与案件有关的查询，均必须以书面形式并直接向有关办事处提出。[1]

（四）律师行业提供的诉讼服务

除了法院为公众提供法律服务外，香港律师行业也为公众提供必要的法律服务，且其服务项目大多是与法院协作进行。主要包括：

1. 法律援助

申请人通过政府部门的资产审查和对诉因的评估则可获得法律援助，这在一定程度上可以缓解社会基层或较低收入人士或某些中等收入人士的法律问题。

2. 当值律师服务

1978 年，香港成立了律师会法律辅导计划，在三个裁判法院为被控 6 种指定控罪的被告人提供免费律师服务。此后，这个计划得到公款的全额资助扩充为当值律师计划，由律师与大律师共同参与，由一个名叫“当值律师服务”的公司负责管理。[2] 当值律师服务计划目前已涵盖所有成人及少年裁判法庭处理的大部分刑

1　在法院大厅设有咨询中心，有工作人员负责解答市民的一些简单询问。大厅放置当天开庭案件的排期表，供市民免费取阅。大厅内还有自动售货机，提供各种饮料。

2　《香港人权法案》第 11（2）（d）条：“法院认为审判有此必要时，应为其指定公设辩护人，如被告无资力酬偿，得免付之。”当值律师计划使这一规定有效地在香港的刑事基层法庭得以实现。

事案件，服务范围内的被告人只要通过一项简单的审查和缴付每宗案件 460 港元的手续费便可得到当值律师的诉讼代理服务。当值律师服务还负责免费法律咨询和电话法律咨询两项法律咨询计划[1]。

3. 法律义助服务计划

香港大律师公会的法律义助服务计划设立于 2000 年，旨在为那些未能获得法律援助而又无法支付律师服务费的申请人提供协助。大律师自愿参加，每年每人提供 3 天或者 20 小时免费服务，提供意见或代表出席应讯。大律师的服务范围相对确定，仅为提供意见或代表出庭应讯，时间也有限制。

4. 公益律师服务

香港律师会成立公益律师服务委员会，设立求助热线、组成义工小组，举办普法研讨会，组织律师事务所提供免费法律咨询和援助，为有需要人士提供公益法律服务。[2] 律师会还自 2009 年开办“香港个人意外赔偿咨询专线”，安排义务律师给事故受害者提供最长一小时免费咨询服务。律师会每年举办“法律周”活动，以多种形式普法，为公众提供免费法律咨询服务。此外，自 2013 年 10 月开始，香港特别行政区政府推行为期两年的“为无律师代表诉讼人提

1 免费法律咨询计划是一项无须通过资格审查，免费为一般没有能力承担专业法律顾问费用的香港居民提供由义务律师面对面的第一次就具体个案提出初步法律意见的计划。另外一个是电话法律咨询计划，自 1984 年开展，通过电话为公众提供免费的录音法律咨询，其后在 2002 年，录音带被数码化，可于当值律师服务的互联网址使用。

2 律师事务所自愿在一个或多个实务领域，以预约的方式，为公众提供首次免费咨询服务（以 45 分钟为限）。在某些重大的公共事件发生的时候，有的律师事务所和大律师们也会提供义务法律协助，以维护有关人士的诉讼权益。

供法律意见试验计划”，协助已在区域法院或以上法院提出诉讼或被起诉但未获得法律援助的人士。[1]

1　试验计划设有办事处，由一名拥有法律专业资格的中心主任管理，下设两名常驻律师。计划亦有30多名大律师和律师登记作为社区律师参与。常驻律师与社区律师为通过经济能力审查的合资格的诉讼人，就不同阶段的民事程序事宜提供免费法律意见。视案件的复杂程度，合资格的诉讼人将获安排作分别长达30分钟及45分钟的简短咨询会面或预约咨询会面。一般而言，诉讼人最多可就同一宗个案每3个月获安排5次简短或预约咨询会面。常驻律师与社区律师可解释法院规则及程序；解释法庭文件、法庭颁发的命令；就拟备状书、文件清单、誓章及证人陈述书等法庭文件提供协助和指引，并提供法院诉讼文书样本作参考；解释聆讯／审讯程序，包括庭审的准备工作（如准备文件册）；解释诉讼涉及的讼费及讼费评定；解释执行判决或命令的程序；以及解释提出上诉的程序等等。为防止浪费公共资源，中心主任如认为当事人有经济能力聘请私人律师，将不会提供服务；而试验计划亦不会为已委托律师的案件或已获得法律援助的人提供意见。另外，由于试验计划纯粹属咨询性质，有关的律师不会以记录在案的律师身份提供服务，当事人自行进行诉讼的责任，维持不变。

第五章

中国法院诉讼服务

在中国，诉讼服务是人民法院工作的重要组成部分。虽然定位为**审判辅助工作**，但我们认为它**与审判执行工作同等重要**。法院诉讼服务工作做得好不好，关系到审判执行工作的质效，关系到司法为民、司法公正的落实。为此,2014 年 12 月，最高人民法院下发了《关于全面推进人民法院诉讼服务中心建设的指导意见》，各级人民法院据此积极推进诉讼服务中心建设。

近年来，随着经济社会的发展，人民法院受理案件数量逐年递增。根据最高人民法院公布的数据，从 2010 年 1100 万件增加到 2017 年 2300 万件，年均增长 13.6%，约 150 万余件。特别是 2015 年推进立案登记制改革以来，年均增长 22.2%，约 306 万余件。根据收结案件总量估算，各级法院每年要提供数十亿人次的诉讼服务。因此，建设诉讼服务中心十分必要。

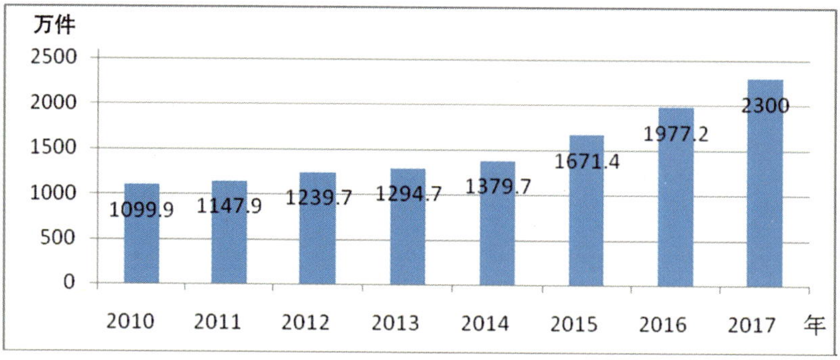

▶ 2010～2017 年全国各级地方法院审结、执结案件数

各级人民法院设立的诉讼服务中心是人民法院为人民群众提供诉讼服务的重要场所，是方便群众诉讼、接受群众监督的重要窗口。当事人可以在这里集中办理除庭审之外的其他诉讼事务，体现了人民法院为人民的本质。

随着案件数量的不断增长和人民群众诉讼服务需求的不断增多，人民法院诉讼服务工作压力越来越大，做好诉讼服务工作对提高法院审判执行工作的质量和效率、效果十分重要。以上海市为例，全市法院紧紧围绕司法为民、公正司法工作主线，坚持在做好审判工作的同时，为人民群众提供优质高效的司法服务。从设置立案信访窗口到诉讼事务中心建设，不断探索完善符合司法规律、满足群众需要的诉讼服务体制机制。特别是 2013 年以来，树立“把方便让给群众、把困难留给自己”的理念，积极探索创新，建立了 12368 诉讼服务平台、律师服务平台，为人民群众提供“全天候、全方位、零距离、无障碍”的诉讼服务，实现了“除庭审之外的其他诉讼事务都可以在诉讼服务中心办理”的要求。

一、诉讼服务的司法政策

2009 年 3 月，最高人民法院发布《关于进一步加强司法便民工作的若干意见》，以进一步加强和规范人民法院的司法便民工作。其中规定，人民法院应当设立立案大厅或诉讼服务中心，配备必要的工作人员，认真做好信访接待、诉讼引导、案件查询、办案人员联系、诉讼材料接转、诉讼疑问解答、判后答疑、引导当事人合理选择纠纷解决方式等方面的工作，并应配置必需的服务设施。

2014 年 7 月，最高人民法院发布《人民法院第四个五年改革纲要（2014—2018）》。明确要求：开通全国法院 12368 公益服务系统。

2014 年 12 月，最高人民法院发布《关于全面推进人民法院诉讼服务中心建设的指导意见》（以下简称《诉讼服务中心建设指导意见》），要求“通过建设诉讼服务大厅、诉讼服务网、12368 诉讼服务热线，构建人民法院面向社会的多渠道、‘一站式’、综合性诉讼服务中心，方便当事人受尊重地集中办理除庭审之外的其他诉讼事务，构建开放、动态、透明、便民的阳光司法机制，深化司法公开，扩大司法民主，努力实现司法为民公正司法，提升司法公信力”。

2015 年 2 月，最高人民法院发布《关于全面深化人民法院改革的意见——人民法院第四个五年改革纲要（2014—2018）》，明确要求：完善诉讼服务中心制度。加强诉讼服务中心规范化建设，完善诉讼服务大厅、网上诉讼服务平台、12368 司法服务热线。建立网上预约立案、送达、公告、申诉等工作机制。推动远程调解、信访等视频应用，进一步拓展司法为民的广度和深度。[1]

2015 年 11 月 24 日，全国法院诉讼服务中心建设推进会在合肥召开。中央政治局委员、中央政法委书记孟建柱会前对人民法院诉讼服务中心建设作出重要批示指出，近年来，各级人民法院紧紧围绕习近平总书记提出的“努力让人民群众在每一个司法案件中感受到公平正义”的目标，坚持司法为民、公正司法，各项工作取得了新成效，特别是全面推进诉讼服务中心建设，促进诉讼服务从后台到前台、从分散到集中，为人民群众提供“一站式”服务，受到了社会各界肯定。在这次会议上，最高人民法院院长周强指出，要坚持科学谋划，实现诉讼服务中心系统化，不断提升整体效能。要运用互联网思维，实现诉讼服务中心信息化，促进诉讼服务转型升级。要规范运行机制，实现诉讼服务中心标准化，使人民群众不受地域、审级限制，在任何一个法院都享受到平等、同质、高效的诉讼服务。要坚持开放共享，实现诉讼服务中心社会化，推进司法资源与社会资源的交融共享、良性互动。[2] 景汉朝副院长部署了诉讼服务大厅、诉讼服务网、12368 热线“三位一体”综合性诉讼服务平台的推进工作。

1　该文件指出，建立中国特色社会主义审判权力运行体系，必须依托现代信息技术，构建开放、动态、透明、便民的阳光司法机制，增进公众对司法的了解、信赖和监督。到 2015 年底，形成体系完备、信息齐全、使用便捷的人民法院审判流程公开、裁判文书公开和执行信息公开三大平台，建立覆盖全面、系统科学、便民利民的司法为民机制。

2　参见程丽：《全国法院诉讼服务中心建设推进会在合肥召开》，载 http://ah.people.com.cn/n/2015/1125/c358428-27172455.html，2016 年 11 月 25 日最后访问。

二、诉讼服务的机构设置

全国法院诉讼服务的机构设置尚不完全统一。有独立建制，有与立案部门合署办公，还有的属立案部门内设机构。

（一）独立建制

据了解，全国有 240 多家法院实行诉讼服务中心独立编制，占全国法院数量的 6.8%。例如，北京法院树立大诉讼服务理念，在全市 23 个法院全部成立专门的“诉讼服务办公室”，以服务群众为主，同时对内服务审判工作。

（二）合署办公

诉讼服务机构与立案部门是“两块牌子、一套机构”。

（三）建在立案部门

在立案庭下设一个内部机构，由立案庭副庭长兼任诉讼服务平台或诉讼服务中心主任。

三、诉讼服务大厅

（一）建设标准与概况

2014 年 12 月，最高法人民院发布《诉讼服务中心建设指导意见》，对诉讼服务大厅的基础建设、主要功能和岗位要求作出明确规定。[1] 对“基础建设”的具体要求主要包括：要设立明显标志，面积

1 根据《诉讼服务中心建设指导意见》的规定，诉讼服务大厅“基础建设”方面的具体要求是：（1）诉讼服务大厅应当有明显标志，方便群众出入，并建有无障碍通道；面积要满足功能发挥的实际需要。（2）信访接待场所和其他诉讼服务场所分开设置，做到布局合理、庄重大方、宽敞明亮、整洁卫生；在保障安全有序的前提下，采用“柜台式”“窗口式”等开放办公方式；根据条件和实际需要，可以为残疾人等弱势群体开辟绿色通道，提供优先服务。建立远程视频接访系统，实现与上下级法院的互联互通。（3）设置休息座椅、饮水器具和卫生服务设施；提供笔墨纸张、复印、打字、电话、传真、网络等服务，有条件的可以提供与诉讼有关的其他商品服务。（4）为当事人提供来访须知、诉讼指南、风险告知书等诉讼指引资料，配备电子触摸屏等自助查询设备。（5）在明显位置公布工作流程、管理制度、法院和大厅工作人员的相关信息。（6）配备手持安检仪、液体检测仪、通道式 X 光物检仪及防爆桶、防火毯等安检设备。

诉讼服务大厅“主要功能”方面的具体要求是：（1）诉讼引导、法律宣传。由专人负责接待，根据来访人员的目的将其引导至相关区域，进行必要的诉讼指引和法律宣传。（2）登记立案、先行调解。接收案件材料，办理登记立案手续、核算诉讼费；为当事人、代理人、辩护人提供用于查询案件信息、查阅案卷的验证密码；对符合条件的当事人提供司法救助，根据规定办理诉讼费的减、缓、免。确有需要的，为当事人提供上门立案、节假日预约立案服务。有条件的可以设置金融机构现场服务窗口，实现诉讼费等费用的现场缴纳。设立调解工作室，由法官、专职人民调解员等进行诉前调解或立案调解，开展诉调对接工作。（3）受理申请、材料收转。接受当事人等提出的财产保全、证据保全、委托鉴定等申请，形式审查后转相关部门办理。特殊情况下，提供紧急办理申请事项的服务。接收当事人、代理人、辩护人提交的诉讼材料，转交法官或合议庭。（4）查询咨询、联系法官。通过窗口接待、触摸屏、网络等手段和形式，为当事人、代理人、辩护人提供承办法官、审判组织、流程信息等案件信息查询服务。为当事人等提供法律咨询，有条

要满足功能发挥的实际需要，信访接待场所和其他诉讼服务场所分开设置；在保障安全有序的前提下，采用“柜台式”“窗口式”等开放办公方式；为当事人提供诉讼指引资料等。对“功能设置”的具体要求主要包括：诉讼引导、法律宣传，登记立案、先行调解，

件的可以提供与诉讼相关的心理咨询。提供专门的阅卷室方便当事人、代理人、辩护人根据规定查阅卷宗，并提供扫描、复印等服务。当事人、代理人、辩护人需要联系法官的，及时帮助联系，有正当理由并得到法官同意的，安排与法官在专门的地点会见。根据条件和实际需要，可以设置律师或志愿者服务窗口，由律师或具备专业知识的志愿者为当事人无偿提供诉讼咨询和帮助。积极争取将律师在诉讼服务大厅的无偿服务纳入法律援助范围。（5）文书送达、判后答疑。在合议庭与当事人已有约定后，为当事人提供窗口送达诉讼文书服务。当事人对裁判提出疑问的，通知合议庭答疑。（6）信访接待、投诉建议。接待处理申诉信访；开展远程视频接访。设投诉信箱，接受举报投诉与意见建议，转相关部门处理。有条件的可以设置纪检监察窗口。

诉讼服务大厅“岗位要求”方面的具体规定是：（1）导诉人员可以由非审判人员担任，应当使用文明、规范的语言询问来访人员的目的，介绍办事程序，指引办事地点，开展法律宣传。（2）立案法官发现当事人起诉的民事纠纷适宜调解并征得当事人同意的，及时移交调解。对不符合调解条件的，告知诉讼风险，及时办理登记立案手续。对材料不齐全的，一次性指导当事人补齐；不能当即立案的，说明原因，并约定立案时间；不符合登记立案条件的，进行法律释明并作出指引。先行调解人员应当根据合法、自愿的原则进行调解。当事人不愿意调解或不能达成调解协议的，及时转入立案、审判程序。（3）受理申请岗位由民事、行政审判部门和执行部门轮流派驻法官、法官助理当值。应统一常见申请的形式要求。接收申请材料应当开具收据，认真审查；对材料不齐全的，一次性指导当事人补齐；符合形式要求的及时移交相关部门办理。（4）材料收转、查询咨询、联系法官岗位可以由非审判人员担任。收转材料应当认真核对、登记，开具收据，保证及时交接。要验证查询人身份，及时帮助查询，或指引使用自助查询设备查询。应当认真听取来访人员的咨询，耐心回答问题，详细解释法律规定，提供诉讼指引。（5）窗口文书送达岗位人员可以由非审判人员担任。送达文书要严格依照法律规定进行。当事人当场对裁判文书提出疑问的，应当即刻通知合议庭答疑，或由合议庭与当事人预约时间答疑。（6）信访接待法官应当及时接待来访人，认真审查申诉材料、听取意见，完整记录来访信息。能够当场解答处理的当场解答处理，不能当场处理的，按规定约定期限处理。对集体访等非正常上访，及时报告，妥善处理，防止矛盾激化。（7）设立纪检监察窗口的，投诉建议岗位由纪检监察部门派驻人员担任；未设立纪检监察窗口的，可以由其他非审判人员担任。应当及时依照相关规定办理、转办举报投诉，并严格遵守保密纪律；定期汇总意见建议转相关部门。（8）安全保卫人员由法警担任，要严守岗位，文明执法，认真履行安检职责，确保场所安全与秩序。

受理申请、材料收转，查询咨询、联系法官，文书送达、判后答疑，信访接待、投诉建议等；对诉讼服务大厅工作的“岗位要求”主要包括：导诉、材料收转、查询咨询、联系法官、窗口文书送达等岗位人员可以由非审判人员担任，受理申请岗位由民事、行政审判部门和执行部门轮流派驻法官、法官助理当值等。

截至2015年9月底，全国法院诉讼服务大厅面积共计110.6平方米。其中，诉讼服务大厅面积超过5万平方米的地区有7个，面积在3万平方米以上5万平方米以下的地区有10个，面积在1万平方米以上3万平方米以下的地区有9个，面积在1万平方米以下的地区有6个。3500多个高、中、基层人民法院中，有3498个法院建有诉讼服务大厅，覆盖率达98.9%。其中，全部高、中级人民法院均设有诉讼服务大厅。[1]

（二）上海法院诉讼服务大厅

上海法院始终坚持司法为民根本宗旨，牢固树立“把方便让给群众，把困难留给自己”的理念，以司法需求为导向，以规范化为重点，以信息化为支撑，全面推进诉讼服务中心及诉讼服务大厅建设，形成了服务大厅与立案登记窗口、信访接待窗口、诉调对接平台、12368诉讼服务平台、执行事务窗口等互联互动，三级法院联动，网上网下服务并举、无缝对接，全方位、立体式、综合性的诉讼服务体制和机制。主要做法是：

1 参见景汉朝主编：《立案工作指导》（总第44辑），人民法院出版社2016年版，第105～119页。

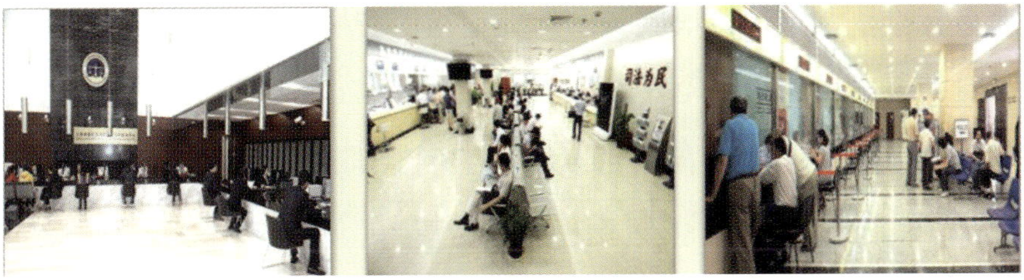

▶ 上海市徐汇区、浦东新区等法院诉讼服务大厅

1. 制定制度规范

上海高院抓住制度建设这个根本，先后制定了《关于全面推进诉讼服务中心建设的实施意见》等 9 个规范性文件，提出了便民诉讼 15 项措施，诉讼服务中心的功能由单一走向综合，目前已具备 10 大服务功能，服务工作统一规范，小中心发挥了大作用。

2. 统一建设标准

上海法院从名称标识、基础设施、服务标准等方面做到“三统一”。一是统一名称标识。所有诉讼服务场所使用“上海市 ×× 人民法院诉讼服务中心”名称和标识。二是统一基础设施。制定了诉讼服务大厅在功能分区、安全保障、信息设备等基础设施上的统一标准。目前，全市诉讼服务大厅总面积达 1.67 万平方米。三是统一

▶ 上海法院诉讼服务大厅的主要功能区（左），上海全市三级法院所有诉讼服务大厅与 12368 平台、律师服务平台等互联互动，共同服务群众（右）

服务标准。制定了诉讼服务的标准化指引和场景设计，要求工作人员着装统一、用语规范、态度热情、举止端正。各类服务指南、服务标准、工作流程等全部“上架、上墙、上网”，方便群众，接受监督。

3. 健全工作机制

上海法院建立了诉讼服务中心引导分流、立审执衔接、督促提示、回访反馈和首问负责五大机制。如根据首问负责制，窗口接待的首位工作人员是首问责任人，应认真负责做好接待工作。属职责范围内的，应及时办理；属职责范围外（但属本院范围内的），应先收下，内部再作移交，避免群众来回奔波。

4. 运用信息技术

上海法院充分运用新科技做好诉讼服务工作。诉讼服务大厅科技含量高，配备有诉讼服务智能机器人，提供诉讼引导、法律咨询等服务；通过大厅内的各种诉讼服务自助终端，当事人凭居民身份证和企业代码或诉讼服务密码，即可查询自己在全市法院所有案件的基本信息和办理自助立案等事项。全市法院诉讼服务大厅均实现了同步全程录音、录像，通过信息技术手段对从立案、审判、执行所有关键环节全程实时监督提示，促进服务规范、监督有序。

（三）部分省、市法院诉讼服务大厅

1. 北京法院诉讼服务大厅

北京法院诉讼服务大厅的服务功能包括对内与对外两个方面。对外服务是把贯穿于诉前、立案、审判、执行、信访等每个环节上直接服务于当事人的事项集中整合为接待引导、诉讼指导、咨询查询、联系沟通、便民服务、矛盾化解、判后答疑、意见建议收集八大模块，包含20余项服务内容；对内服务是集中办理审判庭分离出来的非裁判、辅助类工作，帮助法官了解当事人意见、咨询与答疑解惑，完成案件上诉移送、司法专邮、办理公告等，确保法官专心于“审”与“判”。北京法院还注重服务标准的统一，确保当事人和社会公众在全市各法院都能获得同质化服务。针对各项诉讼服务职能，制定规章制度，统一工作规范；对服务设施、人员配备、服务礼仪等制定统一标准，在此基础上，结合各院自身的审级特点和案件特点，形成了专门志愿者服务队、心理驿站等各具特色、贴近群众的服务项目；统一推进多元调解进大厅，加强诉调对接工作，促进纠纷诉前化解。[1]

2. 天津法院诉讼服务大厅

天津法院先后出台《诉讼服务中心各窗口工作流程》《判后答疑规范意见》《诉前联合调解工作机制若干意见》等规范性文件，对各类诉讼服务需求统一受理渠道、服务标准、处理流程以及服务质量的监督考评。通过诉讼引导、登记立案、先行调解、材料收

1 例如，北京市第三中级人民法院在诉讼服务大厅设置“二级引导”机制，将原有的当事人寻找诉讼服务转变为法院主动提供服务，填补当事人来院之后到实际接受诉讼服务之前的空白地带。一级引导是指群众入院时，在接待室设立身份识别、记录系统终端，对来访人员身份信息进行自动记录，同时诉讼服务中心工作人员对来访人员进行统一登记与第一次分流，建立来访信息台账，记录民众来院的目的和需求；根据不同的目的，由工作人员第一时间引导至相应区域。二级引导是指在当事人来到法庭区或诉讼服务大厅后，工作人员根据当事人的具体需求，分门别类，引导当事人至对应的法庭、窗口或其他区域。需开庭谈话的，协助联系法官；需查询案件的，指导当事人查询；需咨询或信访的，引导至相关部门等。“二级引导”避免了当事人集中扎堆、来回往返的困扰，极大地优化了当事人的诉讼体验。

转、查询咨询、联系法官、文书送达、判后答疑、信访接待等，[1] 为当事人提供“一站式”、综合性诉讼服务；协助律师办理联系法官、提交代理意见、阅卷等事宜，开辟律师绿色通道；设立诉前调解大厅、诉调对接中心，根据区域、案件特点，引入医学会、医调委、交警队、保险协会等参与纠纷调解工作。

截至 2015 年 10 月，天津全市法院诉讼服务大厅总面积达 7300 多平方米，普遍实行窗口式服务。当事人可以通过诉讼服务大厅窗口，得到立案、缴费、查询、联络法官、材料收转、判后答疑等事项的“一站式”服务。

3. 安徽法院诉讼服务大厅

安徽法院出台全省法院诉讼服务中心规范化建设、岗位职能、诉讼服务网、12368 诉讼服务热线等一系列制度文件，着力将诉讼服务中心打造成为“一站式、全方位、多层次”的综合性诉讼服务平台。[2]

在统一场所建设上，安徽省高级人民法院将“规范化”贯穿始终，提出高级人民法院诉讼服务中心不低于 1500 平方米、中级人民法院的不低于 500 平方米、基层人民法院的不低于 350 平方米的建设标准，按照“六个统一”要求，自上而下地统一建设标准、统一场所名称、统一标牌标示、统一功能分区等。当前每一家法院诉

1　天津法院诉讼服务中心具体职能范围包括诉讼指导、信息沟通、诉前调解、诉讼救助、判后答疑、信访接待与评估、便民服务七大类服务，具体包括诉讼救助、案件查询、材料收转、联系法官、法律咨询、判后答疑、信访接待、公告送达、律师阅卷等服务内容。

2　安徽法院开展“优秀诉讼服务中心”“规范化诉讼服务中心”命名活动，每两年进行一次考评，实行动态管理。其诉讼服务中心工作分为审判、审判辅助、审判事务、诉讼服务四大类，审判类、审判辅助类职能由法官、法官助理开展，审判事务类、诉讼服务类职能由司法辅助人员、司法行政人员或者通过社会购买服务解决。

讼服务中心都“标配”有立案区、候访区、综合区、调解区、信访区 5 大功能区，标牌标识、岗位职能等均实现了统一。[1]

截至 2015 年 9 月，全省法院诉讼服务大厅改建 46 家，扩建 38 家，新建 43 家，总面积增加 7.25 万平方米。全省法院诉讼服务大厅总面积达 9.4 万平方米，平均每个诉讼服务中心 700 多平方米。整合除庭审以外的其他诉讼服务事项，前移至诉讼服务中心“一站式”办理，当事人在诉讼服务中心就可办理立案、查询咨询、保全、执行、缴费、申诉、信访、司法救助等诉讼事项。

4. 江苏法院诉讼服务大厅

江苏全省法院诉讼服务以“一站式服务、一体化运行、一揽子解纷”为目标，按照“功能齐全、设施完善、宽敞明亮、方便快捷”的要求，将案件的立案、审判、执行工作中非审判的部分前

1 例如，合肥市中级人民法院在安徽省率先升级改建诉讼服务中心，新诉讼服务中心于 2014 年 11 月正式投入使用，总面积 2256 平方米。将除庭审以外的其他诉讼服务事项整合成 23 项功能，前移至诉讼服务中心“一站式”办理，同时在整合各项职能的基础上，注重细节创新。例如，在候访服务区设置了二维码扫描屏、360 全景导诉、诉讼服务自助终端，为当事人提供指南、全景电子地图、案件查询、法官留言等集约化诉讼服务；在综合服务区设有便民服务室，引入书吧、茶吧、银行 ATM、自动售货机和母婴室；在立案服务区配备自助立案系统和集中送达平台，开设 4 个 12368 诉讼服务热线坐席；在调解服务区专门设立家事、金融保险纠纷、物业纠纷、知识产权、涉外商事、远程视频等 8 个特色调解室，以司法体制改革为契机，引入专业力量，构建“法院指导、行业参与、多元衔接”的多元纠纷调解工作机制。注重不同调解室人文关怀与功能特色的体现，在环境设计上融入中国风和徽文化元素。此外，注重诉讼服务人员配置的优化。中心以对外周到服务群众，对内提升审判质效，让人民法院司法为民措施看得见、摸得着，让法官脱离事务性工作，专注于审判为定位，形成具有五大功能、四大特色的规范化、标准化诉讼服务运行体系。该院采取“442”模式实现诉讼服务人员配置的优化，以 40% 法官、40% 购买社会服务、20% 志愿者的构成比例，让少量法官在前台办理综合性服务工作，使更多法官从日常事务工作中解脱出来，集中精力审理好案件。参见李忠好：《为群众贴心服务为法官增效减负——合肥中院诉讼服务中心工作纪实》，载《人民法院报》2015 年 11 月 23 日，第 1 版。

移，在诉讼服务中心进行集约化管理，全部实行窗口式或柜台式服务。[1]法院将为民理念充分融入诉讼服务大厅建设，推行“一站式”服务，每个窗口均能办理所有业务；采取中午不休息做法，安排专人值班，早上提前半小时办公。在服务大厅撤除柜台玻璃，降低柜台高度，定期对服务人员开展接待礼仪、法律业务、心理疏导业务等技能培训，提高服务的文明、亲民程度。同时还注重发挥诉讼服务在多元化纠纷解决机制中的枢纽作用，对符合速裁条件的案件，直接由设在诉讼服务中心的速裁庭或速裁组进行速裁；在诉讼服务中心设立人民调解工作室、公益律师、志愿者服务窗口；对于交通事故、劳动争议、环境资源等案件，分流至专业合议庭。同时，江苏法院还积极将信息化建设融入诉讼服务中，如案件查询服务可以提供窗口查询、电子触摸屏查询、电话声讯查询、网站查询 4 种方式。[2]

5. 福建法院诉讼服务大厅

2010 年，福建省高级人民法院下发《关于进一步加强全省法院

1　根据江苏省高级人民法院《关于在全省法院开展诉讼服务中心建设工作的意见》，诉讼服务功能包括诉讼服务（狭义）、纠纷化解、纠纷分流三大类职能，具体包括诉讼引导、诉讼指导、法律咨询、法律援助、便民服务、案件查询、材料收转、约见法官、判后答疑、审查立案、费用收取、司法救助、人民调解、社会调解、联合调解、调解确认、立案调解、诉调对接、协调指导、调审对接、诉前分流、联系落实、司法建议等 30 余项职能。2010 年后，又新增执行督促、公告办理、诉前鉴定、集中送达等服务内容。

2　例如，苏州市中级人民法院在诉讼服务大厅设置各类便民的硬件设施，安排专职导诉人员提供导诉服务，包括信息咨询、案件查询、材料转交、联系法官等。提供互联网终端、无线上网服务，当事人可以免费扫描、打印、复印；当事人可以在服务大厅的司法公开窗口实现自助网上立案、查询，社会民众可以进行庭审视频点播、录播等；设置金融机构服务窗口，配置 POS 机刷卡服务，实现费用的当场支付等。突出多渠道化解纠纷服务，宣传、推进小额诉讼程序使用，与市妇联建立婚姻家庭纠纷调解的联动机制，引进公益律师等志愿者提供主持调解、法律咨询、代写诉状、代写执行申请等法律服务。

诉讼服务中心建设的指导意见（试行）》，明确诉讼服务中心建设的总体要求以及考核评比标准。2013 年全省已全面建成制度健全、服务便捷的诉讼服务工作机制。[1] 福建全省法院在诉讼服务大厅设置十大功能，实现当事人一次性往返。同时，还注重特色诉讼服务的创新，泉州法院创设了“跨域、连锁、直通”诉讼服务模式。[2] 此外，福建法院还建立了“社区法官工作室”“车载巡回法庭”“海上巡回法庭”等巡回审判体系，对妇女、儿童、老人、残疾人等特殊群体开通绿色通道，设立“法庭义工服务站”，专门设置涉台、涉军、涉侨、涉生态案件受理平台。

综上所述，全国各地法院的诉讼服务大厅，均结合本地实际，

1　福建省高级人民法院提出，要力争将诉讼服务中心建设成连接法院与群众心声的新桥梁，树立法院良好司法形象的新窗口，贯彻落实司法为民理念的新平台，同时建立以“诉讼服务中心”为枢纽，对外处理诉讼服务事项，对内服务业务部门的工作格局。服务内容主要包括：宣传引导、立案审查、立案调解、救助服务、查询咨询、材料收转、释法答疑（各业务庭协助）、信访接待（各业务庭协助）、调处衔接、效能监督（监察室协助）等十大职责。各地法院根据实际工作情况扩展服务职能，如司法鉴定、评估及拍卖工作。

2　泉州市中级人民法院整合全市 12 个法院和 42 个人民法庭资源，建立了中级人民法院及全市基层人民法院、人民法庭连锁联动、互联互通的一体运作机制，推出“跨域·连锁·直通”式诉讼服务新型平台，实现了“家门口”的立案、标准化的司法“连锁店”“一站式”的全程解纷“直通车”。所谓“家门口”的立案，是指整个泉州地区，当事人不管案件属于哪个法院管辖，均可以选择离自己最近的一家法院或人民法庭办理诉讼事务。这一机制创新并不突破法定管辖，主要依靠法院间协作和流转来实现，这是“跨域·连锁·直通”式诉讼服务平台的最大特色，紧贴群众司法需求，打破诉讼服务领域的行政区划限制。所谓标准化的司法“连锁店”，是指群众进入泉州地区任何一个法庭或诉讼服务大厅，都能得到同质的服务体验。按照“连锁联动、全城覆盖、标准运作、便捷优质”的思路，市中级人民法院同步推进全市法院各诉讼服务中心和人民法庭统一标识、上墙内容、设施设备，实现服务从形式到内容的无差别；同时进一步细化办案标准、办事流程、服务承诺、文明用语等。所谓“一站式”的全程解纷“直通车”，是指大厅提供从立案延伸到诉前、审判、执行乃至申诉、信访等过程的服务。除亲历性程序事项必须前往案件管辖法院外，其他类似提交材料、领取文书、缴退费用、问询求助等事项，诉讼当事人都能在就近的法院或人民法庭办理，真正实现司法服务全流程“一站式”。

为人民群众提供的诉讼服务各具特色。有的提供饮水器具、休息区域、法律书籍、报纸杂志、笔墨纸张、老花镜、急救药品、电脑电话、上网传真、打印复印等。有的设置母婴休息室、老年人诉讼服务点、残疾人无障碍爬楼机等；还有的开展"马背法庭""渡船法庭""车载法庭"等巡回审判活动，让当事人在诉讼过程中真切地感受到人民法院为人民的人文关怀。

四、诉讼服务网

（一）建设标准与概况

2014 年 12 月，最高人民法院《诉讼服务中心建设指导意见》出台，对诉讼服务网络建设作出了明确规定。对"基础建设"的要求主要包括：建立诉讼服务网，完善法院公开信息、案件流程信息、诉讼电子档案等数据库，作为诉讼服务网的支撑；实现诉讼服务网与审判流程公开平台、裁判文书公开平台、执行信息公开平台的相互链接、资源共享。建立通信服务系统，实现与诉讼服务大厅、诉讼服务网、12368 诉讼服务热线信息共享、互联互通。完善案件流程管理系统、网上办公系统，实现与诉讼服务网、通信服务系统数据的及时交换。对"服务功能"的要求主要包括：信息查询、诉讼指引，预约立案、网上立案，受理申请、材料接收，联系法官、网上阅卷，网上信访、预约接访。对“工作岗位”的要求主要包括：诉讼服务网由专门的机构、人员管理维护，相关部门要负责及时更新公开信息，审判人员、辅助人员要及时录入案件信息，网上立案法官应当认真审查当事人提交的案件材料，网上信访法官应当认真审查申诉人提交的申诉材料，在网上答复当事人等。[1]

截至2015年9月底，全国2189家法院开通诉讼服务网，占全

1 诉讼服务网“主要功能”的具体要求是：（1）信息查询、诉讼指引。自案件受理之日起，当事人、代理人、辩护人凭查询密码登录网页查询案件信息。公众直接登录网页查询法院机构、人员、工作流程、生效裁判文书、常用法律法规等公开信息和诉讼指引信息。提供常用的起诉状、答辩状、申请执行书、授权委托书等文书格式电子文档，供当事人等查看和下载使用。通过通信服务系统，以短信、微信、微博、移动通信应用客户端等方式主动向当事人、代理人、辩护人推送案件主要流程节点信息，或根据查询申请推送相关案件信息，以及主动向社会公众推送公开信息。（2）预约立案、网上立案。当事人通过网络提交案件材料，经立案法官在线审查，符合登记立案条件的，预约当事人、代理人到诉讼服务大厅办理立案手续。探索建立诉讼行为真实性识别机制，实现立案法官在线登记立案。探索建立网上缴费系统，为当事人提供诉讼费等费用的网上支付服务。（3）受理申请、材料接收。当事人等通过网络提出财产保全、证据保全、委托鉴定等申请，法官在线审查，符合形式要求的，预约申请人到诉讼服务大厅提交书面申请。探索建立诉讼行为真实性识别机制，实现法官在线审查、处理相关申请。当事人、代理人、辩护人通过网络上传案件材料，法官处理后回复。（4）联系法官、网上阅卷。当事人、代理人、辩护人通过网络请求与法官通话、约见法官，或在特定案件公共交流平台上给法官留言，法官处理后回复。在诉讼档案电子化的基础上，提供网上阅卷服务。当事人、代理人、辩护人经密码验证后，通过网络按照相关规定查阅卷宗或下载。（5）网上信访、预约接访。当事人上传申诉材料，提出申诉请求，信访法官通过网上信访系统在线办理并答复当事人。当事人在网上提出预约接谈申请，信访法官审查后预约排期。

诉讼服务网“岗位要求”的具体规定是：（1）诉讼服务网由专门的机构、人员管理维护，确保正常运转；相关部门要负责及时更新公开信息，审判人员、辅助人员要及时录入案件信息，确保信息查询功能与诉讼指引功能的有效发挥。（2）网上立案法官应当认真审查当事人提交的案件材料，符合登记立案条件的应当及时通知当事人、代理人到诉讼服务大厅办理立案手续或直接决定立案。对提交材料不齐全的，在网上一次性指导当事人补齐。不符合登记立案条件的，回复释明法律并作出指引。（3）网上办公系统法官个人终端都是诉讼服务网的一部分。当事人等提交的申请和材料经数据交换到达法官个人终端，承办法官应当在规定时间内及时办理回复。（4）网上信访法官应当认真审查申诉人提交的申诉材料，在规定的时间内作出处理，并完整的填写处理意见和理由，在网上答复当事人。

部法院数量的 62%，为当事人和人民群众提供网上诉讼服务。其中开通率达 100% 的地区有 13 个[1]，分别是北京、天津、吉林、上海、江苏、浙江、安徽、福建、广西、重庆、云南、陕西、宁夏，开通率在 50% 以上的地区有 8 个，开通率在 50% 以下的地区有 9 个，未开通诉讼服务网的地区有 2 个。781 家法院开通诉讼服务手机 APP，占全部法院数量的 22%，方便当事人通过手机等移动客户端进行各项诉讼事务的查询、咨询和办理。其中，北京、上海、江苏、安徽、重庆、陕西 6 个地区建立了全省、市、自治区统一的 APP 手机服务平台，覆盖率达 100%。其他开通手机 APP 的地区有 16 个，未开通的地区有 10 个。[2]

（二）上海法院诉讼服务网

上海市高级人民法院以 12368 诉讼服务平台为基础，上海高院在立案庭内部设立了 12368 平台管理办公室，由专门机构负责统一管理全市法院网络诉讼服务工作。上海法院网络诉讼服务的主要功能包括：联系法官、案件查询、法律咨询、网上立案、网上申请再审、网上缴费、信息公开、涉案短信发送、关联案件推送、开庭排期避让等人工及智能服务在内的近百种服务功能。2014 年 1 月～2017 年 12 月，律师平台、当事人平台、社会公众平台三大 PC 互联网服务平台分别提供各类诉讼服务 362.9 万次、10.8 万次、1.0

1　开通率指开通诉讼服务网的法院占本地区全部法院数量的比例。

2　参见景汉朝主编：《立案工作指导》（总第 44 辑），人民法院出版社 2016 年版，第 105～119 页。

万次；12368 短信、微信、APP 三类移动互联网诉讼服务平台共提供各类诉讼服务 353 万次。鉴于本书前文已经对上海法院的网络诉讼服务作了详细介绍，不再赘述。

（三）部分省、市法院诉讼服务网

1. 浙江法院诉讼服务网

浙江法院于 2014 年 7 月开通“浙法公开网”，开通一年来累计公开涉及审判执行工作的信息点 800 多个，上网公开裁判文书 130 多万份。通过网上案款管理系统改革，无缝对接审判管理系统和银行信息系统，实现“一案一人一账号”，支持当事人通过支付宝扫描二维码等方式缴纳诉讼费，并具有网上自动退还诉讼费和支付执行款功能。自主开发了网上查阅电子卷宗系统。针对律师量身定制“浙江法院律师服务平台”，为律师提供网上立案、缴费、阅卷、在线观看庭审录像等服务，律师通过此平台还可与法官、当事人沟通交流，远程参与庭审、调解等。此外，全省已实现信访系统三级联网，并全部开通网上视频接访系统。

2017 年 6 月 26 日上午，中央深改组召开第三十六次会议，会议审议通过了《关于设立杭州互联网法院的方案》。8 月 18 日上午，杭州互联网法院正式揭牌，成为中国首家互联网法院，探索用互联网方式审理互联网案件。[1]

1 目前，该院主要受理下列涉互联网一审案件：互联网购物、服务、小额金融借款等合同纠纷；互联网著作权权属、侵权纠纷；利用互联网侵害他人人格权纠纷；互联网购物产品责任侵权纠纷；互联网域名纠纷；因互联网行政管理引发的行政纠纷；上级人民法院指定杭州互联网法院管辖其他涉互联网民事、行政案件。

2. 北京法院诉讼服务网

北京法院充分利用信息化手段，构建个性化、全天候、可持续的智能服务网络。借助诉讼服务自助终端机等智能设备，为当事人提供承办法官、审判流程、裁判文书等信息查询服务，包括跨行政区划的文书打印、视频留言、材料上传、网上阅卷等；以审判信息网为载体，打造网上法院，当事人通过登录网站获得诉讼指南、法院导航、网上立案、网上送达等10余项服务；通过手机APP的推广应用，协助当事人获得有关诉讼的静态信息和动态服务。同时，还依托信息化手段提供多项自助服务。[1]

3. 吉林法院诉讼服务网

吉林法院在建设统一标准的诉讼服务中心基础上，以“大数据、大格局、大服务”为理念，充分运用信息技术加强诉讼服务，打造电子法院诉讼服务平台。电子法院统一整合了传统诉讼服务中心的诉讼引导、登记立案、诉讼费用缴纳、先行调解、材料收转、文书送达、判后答疑、信访接待等职能，覆盖各种诉讼程序和案件类型，实现了网上立案、网上阅卷、网上调解、网上审理、网上接访。此外，电子法院还强调诉讼服务的全流程公开，当事人、律师登录电子法院，打开三方可视阅览平台即可查看案件全部流程信息，进入裁判文书检索页面，即可查询到全省公开的全部裁判文

1 主要包括：（1）自动导诉，连接安检处的访客终端与法院内部工作网络，实现来访人的身份自动审查与需求匹配，为当事人打印显示来访人参加诉讼活动时间、地点、案件承办法官信息的引导卡；（2）自助查询，在大厅设置自助查询终端机，供民众浏览法院地图、法官信息、诉讼指南等公共信息，同时在验证个人身份后，为当事人显示案件立案与否、案件基本信息、程序节点、案件进展、审判组织成员及电话等个案服务信息，来访者可选择自行发送至本人手机或下载打印。

书。立案审核结果、诉讼费用缴纳通知、电子文书送达等审理流程各个节点信息，都及时通过短信提醒当事人。电子法院还设置了举报投诉平台和建议窗口。

4. 江苏法院诉讼服务网

江苏法院充分发挥诉讼服务在智慧型法院建设中的基础作用，建设统一的诉讼服务网，并开通互联网律师专用通道，具备网上立案、信访、投诉等功能。当事人可在任何时间任何地点通过移动终端提交起诉状与证据材料，对当事人在网上提交的起诉和信访材料，及时通过移动办案终端办理。对起诉状、证据材料进行统一录入、同步扫描，针对上诉案件电子卷宗也采取网上移送，方便后续审理，引导当事人提供电子诉讼材料，减少法官负担。实行电脑随机分案，通过手机 APP、诉讼服务网、诉讼服务大厅滚动屏向当事人及时推送、发布各类服务信息与庭审信息，并实时更新。开通网上信访和远程视频接访平台，推行三级法院同时在线接访。[1]

5. 安徽法院诉讼服务网

安徽法院注重信息化与诉讼服务的深度融合，充分运用“互联网 + 诉讼服务”的方式，为当事人提供形式多样、方便快捷的“指尖化”服务。各级法院大力推广诉讼服务网应用，提供网上立案、网上缴费、网上阅卷、网上送达、网上答疑、远程视频接访等职能，方便当事人足不出户办理诉讼事项；开通微信公众号，完善

1 苏州市中级人民法院注重网上服务功能，在全省率先开通网上立案通道，还为公众提供无需注册与登陆的在办案件信息的在线查阅服务，设置电子卷宗阅览室，接入裁判文书网与执行信息平台方便公众查询裁判文书与执行信息；提供预约点播庭审录像、在线判后答疑等特色诉讼服务。

微博服务功能，实现立体化、交互式诉讼信息发布和即时沟通。此外还开发了档案电子化系统，在诉讼服务中心增设电子阅档室，实行诉讼文书电子送达等。诉讼服务从有形实体拓展到无形的网络空间，形成了现场与远程、网上与网下、实体与网络立体结合的诉讼服务新模式。[1]

此外，全国各地其他法院也都能结合本地实际情况，为人民群众提供各类网络诉讼服务。例如，福建法院推进涉诉信访法治化改革，与省政府召开府院联席会，与地方党委建立联席会议制度，研发建成“四位一体”涉诉信访信息平台；广东法院通过建设“网上执行局”，实现对被执行人财产的网上查封、冻结、扣押，执行案件进展信息实时播报，工作内容网上流转运行，系统自动生成执行日志并以短信方式告知当事人；重庆法院的公众服务网设置网上立案、网上信访、案件进度查询、材料收转、文书送达五大功能模块，当事人登录一个网站即可在全市所有法院享受网上诉讼服务。

1 此外，安徽法院还依托信息化，提供智能化服务，制作立案登记制动漫片并在移动终端播放，以通俗易懂的方式告知当事人诉讼流程；利用远程视频系统实现与当事人在线“面对面”，解决外地当事人的需求；通过司法查控网，在指挥中心对财产进行查控，提高办案效率；通过自助终端，为当事人提供面向法官的视频或语音留言等。参见李忠好：《定位大服务 注重小细节——安徽法院诉讼服务中心建设工作纪实》，载《人民法院报》2015年10月15日，第1版。李光明：《安徽127个法院实现诉讼服务中心全覆盖》，载《法制日报》2015年11月23日，第1版。

五、诉讼服务热线

（一）建设标准与概况

2014 年 12 月，最高人民法院发布《诉讼服务中心建设指导意见》，对 12368 诉讼服务热线的基础建设、主要功能和岗位要求提出了明确的具体标准。其中，对“基础建设”的要求主要包括：开通 12368 诉讼服务热线，设置专门的接听场所，配置必要的工作设施，实现与案件流程管理系统、网上办公系统、诉讼服务网、通信服务系统的有效衔接，共享基础数据库。有条件的可以实现信息语音化，建立自助语音应答系统。对“服务功能”的要求主要包括：信息查询、诉讼咨询、联系法官、预约服务；对“工作岗位”的要求主要包括：坐席员可以由非审判人员担任，负责热线的接听、记录、相关事项的答复和转办；要求联系法官的，应当及时帮助联系，不能及时联系上的，留言法官在规定的时间内回复来电人；应当准确记录举报投诉和意见建议，及时依照相关规定转办，并严格遵守保密纪律等。[1]

1　12368 诉讼服务热线“主要功能”的具体要求是：（1）信息查询。自案件受理之日起，当事人、代理人、辩护人拨打热线通过自助语音查询案件信息；未建立自助语音应答系统的，由坐席员接听后查询答复或通过通讯服务系统推送查询结果。（2）诉讼咨询。提供常见程序性法律问题的咨询。（3）联系法官。当事人、代理人、辩护人拨打热线要求联系法官的，帮助联系。（4）预约服务。根据条件和实际需要，提供帮助预约节假日立案、上门立案等服务。

对 12368 诉讼服务热线“岗位要求”的具体规定是：（1）坐席员可以由非审判人员担任，负责热线的接听、记录、相关事项的答复和转办。应当保证工作日热线畅通，耐心倾听截至2015年9月底，全国1734家法院开通12368诉讼服务热线，占全部法院数量的49%，为当事人提供自助语音或者人工咨询、查询服务。其中，辖区内所有法院均开通12368热线的地区有13个，分别是北京、天津、河北、吉林、黑龙江、上海、江苏、安徽、福建、广西、重庆、贵州、陕西。

（二）部分省、市法院诉讼服务热线

1. 北京法院诉讼服务热线

北京法院是12368热线全国最早试点法院之一，于2009年开通了自助语音查询功能。2014年12月2日，北京法院正式开通了12368人工语音诉讼服务热线，设置专职咨询法官和坐席员共70人对来电集中接听处理并分类转办，限时答复当事人并由总平台汇总，在全市各法院之间建立了联动机制。截至2015年9月底，接听总量已达11万余个，日均接听量超过450个。

2. 安徽法院诉讼服务热线

安徽法院先后召开诉讼服务中心建设动员会、调度会、现场会、经验交流会，三级法院统筹推进，开通12368诉讼服务热线，实行一号打通，全部提供人工接听处理，还试行诉讼服务适度外包。

来电并做好记录。对于查询咨询事项要全面准确地答复；要求联系法官的，应当及时帮助联系，不能及时联系上的，留言法官在规定的时间内回复来电人。应当准确记录举报投诉和意见建议，及时依照相关规定转办，并严格遵守保密纪律。（2）服务热线应当有专门的管理维护人员，已建立自助语音应答系统的要保证24小时正常开通运行。

3. 黑龙江法院诉讼服务热线

黑龙江法院建立“一线五平台”便民服务系统，“一线”是12368电话诉讼服务热线。截至2015年9月，全省法院共开通热线电话240部，每个中级、基层人民法院至少一部，均安排前台专人接线及后台法官答疑。针对法官答疑，省法院还建立联络协作机制，由院机关各部门指定专人担任联络员，负责联系办案法官。[1]

4. 浙江法院诉讼服务热线

浙江法院制定《12368司法服务热线工作细则》，按照“一号对外、分级部署、总分结合、各院联动”的总体要求，以案件信息查询等六大职能为基础开展服务工作，并采取非工作时间语音留言、服务质量回访等多种方式提供服务。

1 “五平台”包括短信诉讼服务平台、手机APP诉讼服务平台、微信诉讼服务平台、网络诉讼服务平台、律师诉讼服务平台。

第六章

中外法院诉讼服务的比较

世界上不同国家和地区的政治、经济、文化以及司法制度、诉讼程序虽各不相同，但在法院诉讼服务方面，却有不少相通之处。通过比较研究，可以让我们更多地了解世界各法院在诉讼服务理念、制度、措施等方面的情况，以便借鉴参考，同时也让我们更加深刻地体会到我国社会主义司法制度的优越性、人民司法的先进性。

一、诉讼服务理念的比较

（一）坚持司法为民便民理念

通过比较，我们发现，司法为民便民、方便当事人诉讼是中外

不同国家和地区法院诉讼服务理念的共同选择。

在我国，全心全意为人民服务是中国共产党的根本宗旨，也是人民法院的根本宗旨。人民法院坚持司法为民根本宗旨和“人民法院为人民”的优良传统，坚持司法为民便民、公正公开的原则，做好诉讼服务工作，**体现了我国人民法院为人民的本质**。例如，上海法院 12368 平台，针对人民群众反映突出的“联系法官难”等问题，牢固树立“把方便让给群众、把困难留给自己”和“让数据多跑路、让群众少跑路”的理念，全方位、全天候、零距离、无障碍地为人民群众提供除庭审以外的诉讼服务和非诉讼服务，有效减轻人民群众的问累、跑累、诉累等，消除诉讼障碍。

域外法院针对“诉讼爆炸”“诉讼迟延”“诉讼费用过高”以及由此所导致的“普通民众对司法不了解、不信任、不满意”等问题，在“接近司法”“正当程序”等司法理念的影响下，[1] 倡导司法为民、便民、礼民，要求通过及时、有效、低成本的司法服务，实现司法的便民化，满足当事人、律师和法院其他用户（COURT-USER）的现实需求，让当事人、普通民众能够理解司法规则并方便高效地参与司法，增进社会公众对法院的理解和信任。

（二）重视司法公开服务

通过比较，我们发现，中外法院对司法公开越来越重视。法院神秘主义正在逐步消除。

1　“接近司法”即 Acess to Justice，也译为“接近正义”“接近法院”等。“正当程序”即 Due Process，也译为“程序正义”“程序公正”等。

我国各级法院认真贯彻习近平总书记关于“要坚持以公开促公正、以透明保廉洁”指示精神，[1]“要坚持**公开是原则、不公开是例外**”，坚持主动公开、主动接受监督，依法及时公开司法依据、程序、流程、结果和裁判文书。例如，上海法院在推进诉讼服务工作中，始终坚持公开透明原则，改进工作作风，所有诉讼服务工作情况在平台系统中自动记录，平台运行数据在互联网上实时发布，实现了全程公开、全程留痕、全程监督，确保人民群众的知情权、参与权、监督权，倒逼各级法院提高服务质量。人民群众普遍反映，上海法院诉讼服务平台“**很实用、很好用、很管用**”。

据了解，近年来，域外法院也越来越重视司法公开、透明。他们不断改进司法公开服务，推行“接触型司法公开”等改革举措，定期开展对法院司法便民举措的满意度评价，以便增进社会民众对法院的理解和信任。**过去传统的司法理念正在发生变化，法院神秘封闭的情况正在改变，法院被动接受民意甚至忽视民意的陈旧观念已成为司法改革的对象。**[2]

（三）依法依规提供服务

诉讼服务需于法有据，各类服务必须依法规范。通过比较，我

1 参见习近平总书记 2014 年 1 月 7 日在中央政法工作会议上的重要讲话。

2 参见王禄生：《英美法系国家“接触型”司法公开改革及其启示》，载《法商研究》2015年第6期。正如学者们所分析的那样，在传统社会之下，司法权威更大程度上是一种“威慑型权威”，即司法的权威来源于威慑，来源于“神秘性”。公众信任对“威慑型权威”而言没有任何独立价值。然而，随着社会的发展，司法权威的类型日益由“威慑型”转向“认同型”，公众信任成为“认同型权威”的一个重要组成部分。同时，随着社会民众法治意识的提高，越发认可自己在社会进步和法治发展中的责任和义务，客观上又增加了公众在国家事务（包括司法事务）中的表达意愿。

们发现，中外法院诉讼服务均需依法依规进行。

我国最高人民法院自 1999 年以来先后制定了 4 个《人民法院五年改革纲要》，均把司法便民服务作为改革的重要内容。2014 年 12 月 15 日，最高人民法院制定下发了《诉讼服务中心建设指导意见》，对全国法院的诉讼服务工作作出了规定和部署，在政策上、制度上作出明确规定，体现司法政策的连续性、持久性，确保我国法院的诉讼服务工作于法有据、有章可循。

域外国家和地区也很注重通过立法程序为法院诉讼服务提供遵循。例如，美国联邦法院规定，律师代理当事人起诉或提交材料，除非获得法院例外许可，必须使用 CM/ECF 电子卷宗系统。[1] 再如，韩国颁布了催促程序中电子文书利用的相关法规和民事诉讼中利用电子文书的相关法规，给“电子诉讼”提供了法律依据。

二、诉讼服务信息化的比较

科技革命给世界带来了翻天覆地的变化。尤其是互联网、大数据、人工智能的兴起，给司法现代化提供了难得机遇。中外法院纷

1　CM/ECF 电子卷宗系统所涉及的网上起诉、网上提交材料，以及诉讼文书的电子送达，均有明确具体的法律层面的操作根据。例如，联邦民事诉讼程序规则第 5 条（e）、联邦破产程序规则第 5005（a）、联邦上诉法院程序规则第 25（a）以及联邦刑事诉讼程序规则第 49（d）条，赋予法院根据程序法律规则允许通过网上提交文件材料的权力；联邦民事程序规则第 5 条（b）、第 6 条（e）和第 77 条的修正案，联邦刑事程序规则第 45 条、第 49 条，联邦上诉法院规则第 25 条、第 26 条，以及联邦破产程序规则第 7005 条、第 9006 条、第 9014 条和第 9022 条规定，如果双方当事人同意，则可以通过电子方式送达诉讼文书。

纷将信息化等科技新发展引入诉讼服务中。

（一）我国法院依托“互联网 +”“人工智能 +”，现代科技与诉讼服务的深度融合处于世界领先地位

习近平总书记指出，没有信息化就没有现代化。[1] 习近平总书记还指出，要遵循司法规律，把深化司法体制改革和现代科技应用结合起来。[2]

最高人民法院周强院长指出：“全面深化司法改革、全面推进信息化建设是实现审判体系和审判能力现代化的必由之路，是人民司法工作发展的车之两轮、鸟之双翼。”[3]

最高人民法院制定了《人民法院信息化建设五年发展规划（2016—2020）》，全国法院掀起了一场科技革命。例如，上海法院运用互联网、大数据、人工智能等新技术，建立了网上立案、网上办案、网上提交材料、网上查询咨询、关联案件信息智能推送、涉案短信智能发送等一系列较为完善的信息化、现代化诉讼服务体系。无论是诉讼服务领域，还是司法公开领域，都已经处于世界领先水平。2014 年 1 月至 2017 年 12 月，共有 29 批 360 多名外宾前来上海法院参观考察诉讼服务中心、12368 诉讼服务平台、律师服务平台，无一例外都对上海法院和全中国法院运用现代信息技术实现诉讼服务乃至法院整体工作现代化的先进程度表达了无比的赞叹。

1　参见习近平总书记 2014 年 2 月 27 日在中央网络安全和信息化领导小组第一次会议上的重要讲话。

2　参见习近平总书记 2017 年 7 月 9 日对全国司法体制改革推进会的重要批示。

3　参见周强院长 2016 年 1 月 23 日在全国高级法院院长会议上的讲话。

（二）域外法院诉讼服务信息化水平参差不齐

美国联邦法院的 PACER 与 CM/ECF 系统，韩国的电子送达、电子诉讼等网络诉讼服务，代表了域外法院诉讼服务信息化的先进水平，值得我们在推进网络诉讼服务时参考借鉴。但是域外有的法院，坚持传统观念，诉讼服务信息化水平参差不齐。例如，有的法院对庭审直播录像长期持抗拒态度，"摄像机进庭"（庭审实况直播和录播）试点工作一般限于民事案件审理程序。目前，有的法院庭审很少同步直播，法官只会尽快把录像放到互联网上。

（三）中国特色社会主义司法体制具有极大优势，有利于提升诉讼服务信息化的整体水平

科技是破解诉讼难题的利器，是诉讼服务群众的良器。近年来，我国法院围绕立案难、诉讼难、执行难等突出问题，运用互联网大数据、人工智能等新科技，破解了一道道难题，取得了历史性的跨越。在诉讼服务信息系统方面，我国四级法院共用一张网，统一规划、分步实施、同步推进、分级管理，有效减少了数据壁垒和相互扯皮等问题，节约了诉讼成本，提升了诉讼效率，人民群众满意度逐年提升。但据了解，域外有的法院由于体制、制度上的问题，存在各自为政、难以统一、数据壁垒以及法院经费短缺等方面的问题。例如，美国联邦法院一方面在《发展战略规划》中反复重述要加强与行政机构、立法机构的联系，强调自己是政府的组成部分（an equal branch of government），另一方面不得不经常为信息化

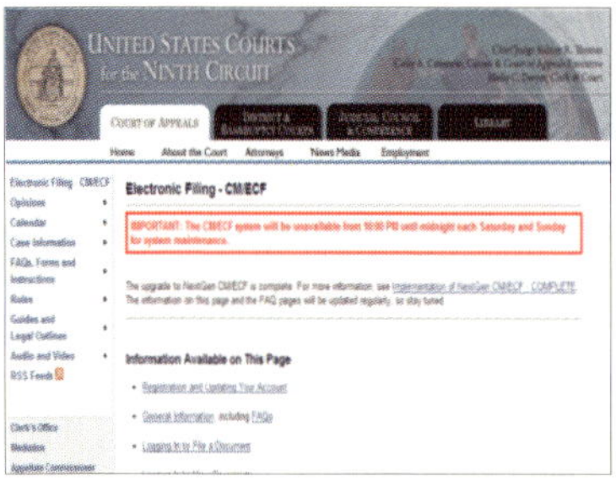

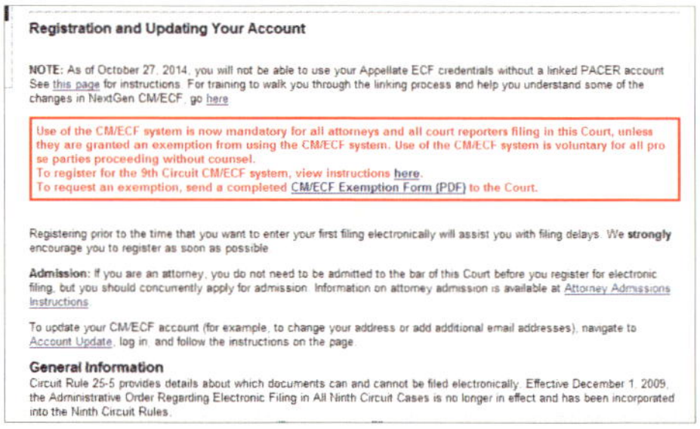

▶ 由于电子卷宗案系统（CM/ECF）和电子纪录公共访问系统（PACER）多账号登录不方便等原因，美国联邦第九巡回法院网站发出信息系统更新提示

设施陈旧、建设资金匮乏、重复建设等问题而发愁。[1] 诸多国家和地区的法院同行在交流中，一方面赞扬上海法院信息化建设成效，另一方面也抱怨由于体制、机制等问题，像上海法院这样为民众提供诉讼服务，他们很难做到。

三、诉讼服务社会化的比较

所谓诉讼服务**社会化**，是指法院诉讼服务不能自我封闭、闭门发展，而是要聚集社会资源、依靠社会力量，来做好诉讼服务工

1 美国联邦法院的 PACER 与 CM/ECF 两个系统，由于各自功能定位不同，存在一些差异，社会民众使用不方便。近年来，CM/ECF 不断进行升级改造并于 2014 年开始在几个联邦法院试运行，美国联邦第二和第九巡回法院自 2014 年 10 月 27 日开始正式运行新系统。新系统实行用户单点登录，即用户使用同一账户和密码就可以登录联邦法院电子卷宗案系统（CM/ECF）和电子纪录公共访问系统（PACER）。但是，新系统在美国所有联邦法院进行全面更新预计需要几年时间。详见 http://www.ca9.uscourts.gov/cmecf/，http://www.uscourts.gov/courtrecords/electronic-filing-cmecf，2017 年 12 月 31 日最后访问。

作，实现司法资源与社会资源交融共享、良性互动，共同满足人民群众日益增长的诉讼服务需求。

（一）社会力量参与是中外法院的共同选择

老百姓打官司难问题，与社会结构、经济发展、法治水平、诉讼心理、律师制度、法院职能等多种因素有关。要解决好这个问题，仅仅法院独家是不行的，需要全社会的积极参与和共同治理。法院的力量十分有限，完全由法院来解决当事人的困难和问题既不可能，也不科学。动员全社会参与是中外法院的基本共识。虽然中外法院的情况不同，但都在积极进行探索推进。

（二）我国法院主动引入社会力量，主动对接法律援助等公共法律服务

目前，我国法院，特别是中心城市以及东部沿海地区，大量引入社会力量，协助法院做好诉讼服务工作。同时，我国已经制定了较为完善的法律援助制度。2018 年 1 月 23 日，司法部印发《关于加快推进司法行政改革的意见》，要求建立包括电话热线、网站、微博、微信、移动 APP 为一体的“12348 中国法网”，为群众提供普惠性、公益性、可选择的公共法律服务。此外，我国还有律师志愿者的公益法律咨询、工青妇等社会团体的个案心理咨询等。

目前，各级人民法院均在诉讼服务中心设立了专门窗口，聚集信访、社区、律师等法律专业人士、志愿者，以及金融、环保、交通等专业人士，参与诉前调解、法律咨询等。通过法律援助、公共

法律服务与诉讼服务的无缝对接，实现法院与政府机关、律师行业、社会团体、公益组织等在诉讼服务领域更广泛、深入、持久的全面合作。

（三）域外法院与社会力量合作提供诉讼服务

域外法院通过与律师行业、社会公益组织等社会力量合作，由法院提供服务场所、资金等资源，为民众提供诉讼服务，既有利于服务民众诉讼，也有助于法官集中精力办案。例如，我国台湾地区“司法院”拨款资助运作的法律扶助基金会，我国香港地区的无律师代表诉讼人资源中心，以及英国的“社区介入”“支持受害人”法律中心等。这些法院引入社会资源参与诉讼服务和纠纷化解，值得我们研究借鉴。

四、诉讼服务系统化的比较

所谓诉讼服务**系统化**，是指法院诉讼服务工作涉及面较广；不仅涉及法院内部，也涉及法院外部；不仅关系到法院的审判、执行工作，还关系到当事人的合法权益保障，关系到司法公正、司法质效。因此，这是一项复杂的**系统工程**，需要整体谋划、科学设计、系统集成。

（一）注重遵循司法规律，以司法改革来推动诉讼服务

诉讼服务虽然是法院审判辅助性工作，但必须于法有据。既要解决当事人碰到的诉讼难题，又要遵循司法规律，依法办事。中外许多法院均通过推进司法改革，来解决诉讼服务工作中的难题。比较而言，**我国更加注重将诉讼服务纳入司法体制综合配套改革进行整体设计、统筹规划、协同推进**。

（二）中外法院诉讼服务所涉问题各有不同

在我国法院，诉讼服务主要是为了解决人民群众反映突出的**“诉讼咨询难”“案件查询难”“联系法官难”**和**“问累”“跑累”“诉累”**等诉讼难题。因此，通过建立综合性的诉讼服务中心，方便人民群众办理除案件庭审以外的所有诉讼事务和非诉讼事务。目前看来，十分有效。

在域外法院，诉讼服务主要针对司法**信息不公开、诉讼程序复杂烦琐、司法成本过高以及诉讼爆炸、诉讼迟延、诉讼浪费**等问题，注重从简化诉讼程序、案件管理、改革诉讼费用、公开诉讼过程与裁判结果等角度来**减轻民众负担、增进民众对司法的理解**。例如，美国法院优化案件管理机制，日本法院通过司法改革缩短一审民事诉讼程序时间，英国简化诉讼程序、减少令状提出的种类、降低诉讼的门槛等。

（三）承办法官参与诉讼服务不同

域外法院的案件审判与行政管理相分离，法官做好本职审判工作就是为当事人提供最好的服务。直接为当事人提供诉讼服务，主要是法院行政管理部门的事，而不是审判该案件的承办法官的职责。[1]

我国法院由于诉讼程序规定、法院内部分工和各地情况差异，与案件有关的诉讼服务，有的由法官答复办理，有的由司法辅助人员答复办理。随着我国司法体制改革的深入推进和配套改革措施的落实到位，很多法院已经设立了能充分满足群众需求的诉讼服务中心，建立了诉讼服务体系、制度、机制以及专业团队。例如，上海法院诉讼服务中心、上海法院12368诉讼服务平台、上海法院律师服务平台，承担了绝大部分诉讼服务工作，实现了除庭审之外的诉讼事务都可以在这三个平台完成，成为上海法院服务群众诉讼的“三张名片”。

通过比较，我们发现，世界各地法院在诉讼服务方面有许多值得深入了解、学习借鉴。同时，也使我们更加深刻地认识到我国社会主义司法体制、制度的优势。我们要充分发挥其优势作用，不断提升诉讼服务的能力和水平。

1　参见李少平主编：《人民法院诉讼服务理论与实践研究》，法律出版社2015年版，第108页。

第七章

上海法院12368平台建设的体会与思考

习近平总书记在视察兰考县焦裕禄民心热线时指出："要通过建立长效机制，提高办事效率。""为民服务不能一阵风，虎头蛇尾，不能搞形式主义。"[1]

司法为民永无止境，司法便民永远在路上。上海法院12368平台建设是上海法院践行司法为民宗旨、全心全意为人民服务的创新，被人民群众誉为"**法院的110**"、为民服务的"**亮丽名片**"。为民服务"建立长效机制，提高办事效率"既是党的要求，也是人民的期待。如何做好则是摆在上海法院全体干警面前的一个长期课题。12368**诉讼服务只有开始，没有结束，必须初心不改、持之以恒、继续前行**。

1　2014年3月17日习近平总书记在视察河南省兰考县为民服务中心的焦裕禄民心热线时的重要讲话。

一、要始终坚持以人民为中心的发展思想，不断满足人民群众日益增长的司法需求

习近平总书记强调：人民对美好生活的向往，就是我们的奋斗目标。[1] 人民美好生活需要日益广泛，不仅对物质文化生活提出了更高要求，而且在民主、法治、公平、正义、安全、环境等方面的要求日益增长。[2]

以人民为中心的发展思想，既是党的根本宗旨的必然要求和深刻体现，也是我国宪法的精神实质和重要原则。唯物史观认为，人民群众是历史的真正主人，是社会物质、精神财富的创造者和社会变革的决定力量。全心全意为人民服务是中国共产党的根本宗旨，党的一切奋斗都是为了最广大人民谋利益，这是我们工作的方向和准则。

进入新时代，人民群众对民主、法治、公平、正义、安全等方面有许多新的需求；对司法的需求，包括对诉讼服务的要求，更加多元、更加广泛。面对人民群众的新需求，我们要不怕麻烦，**把方便让给群众，把困难留给自己**；要进一步完善 12368 平台的服务功能，拓展诉讼便民利民的新渠道，解决好人民群众诉讼过程中碰到的新问题、新障碍，推动以人民为中心的发展理念成为一个个具体的司法行动，让人民群众在司法活动中有更多的获得感。

1 参见《十八大以来重要文献选编》（上），中央文献出版社 2014 年版，第 70 页。

2 参见习近平总书记在党的十九大报告中的重要讲话。

二、要始终坚持问题导向，不怕困难，敢于担当，有效破解群众反映突出的诉讼难题

树立问题意识、坚持问题导向是马克思主义世界观和方法论的重要体现，也是我们党的优良传统和宝贵经验。问题纷繁复杂，既需要有不怕困难、触及矛盾、解决问题的责任担当，又需要用科学的方法分析和研究问题。

2013 年在党的群众路线教育实践活动中，上海高院党组开门问计、查找问题，广泛听取社会各界意见建议。面对人民群众反映较为突出的“联系法官难”和“案件查询难”“诉讼咨询难”等问题，不回避、不袒护，认真剖析原因，敢于碰硬，勇于担当。上海高院党组书记、院长崔亚东带领上海高院党组，下决心解决这些顽症。一方面改进司法作风，从法院内部抓起；另一方面采取建立上海法院 12368 平台的创新举措，找到了解决这一顽症的新钥匙，**切实做到了把“解决突出问题、群众满意度作为检验法院工作成效的标准”**。[1]

1　2015 年 1 月 30 日，习近平总书记主持召开中央全面深化改革领导小组第九次会议并发表重要讲话。会议强调，要及时检查、及时评估，把解决了多少突出问题、群众对问题解决的满意度作为检验司法体制和社会体制改革成效的标准。

三、要建立健全长效机制，推进 12368 诉讼服务平台的规范化、制度化建设

制度建设带有根本性。**建立长效机制**是法院诉讼服务工作得以长期坚持、诉讼服务质效不断提升的根本保证。

上海法院 12368 平台经历了**“互联网＋诉讼服务”**到**“人工智能＋诉讼服务”**的发展阶段，获得了人民群众的普遍欢迎、社会各界的高度评价和各级领导的高度肯定。我们虽然取得了一定成绩，但时代在发展，人民群众的需求在增加，诉讼服务工作永无止境。因此，建立健全长效工作机制，长期坚持下去是关键。现行的现场管理运行、管理协调、后台保障、人力资源保障等制度和机制，都需要在发展中不断完善、优化，平台功能也需要在发展中不断提升、拓展。尤其要紧跟司法体制改革的推进和科技的发展，来完善制度、提升功能，才能做到长期坚持、提高质效，让人民满意。

四、要始终坚持科技引领，不断提升 12368 诉讼服务平台的现代化、智能化水平

习近平总书记指出，没有信息化就没有现代化。[1] 周强院长强调，加快推进信息技术在司法领域的全面应用，是确保公正司法的重要抓手，是人民法院适应大数据时代形势发展变化的迫切需要。上海法院 12368 平台建设的过程就是现代科技在司法领域深度应用的体现。**科技是破解诉讼难题的利器，是服务群众诉讼的良器**。近年来，科技发展日新月异。人民法院要积极适应现代科技发展的新形势、新趋势，主动拥抱新科技，充分运用大数据、云计算、人工智能等科技发展的新成果、新技术。上海法院 12368 诉讼服务平台通过“互联网 +”“人工智能 +”，实现了诉讼服务全方位、全天候、零距离、无障碍。这既是成效，也是经验。必须坚持下去，人民法院的诉讼服务才具有无限的生命力。

提升法院诉讼服务平台的功能，促进法院诉讼服务能力与水平、质量与效率的提升，让人民群众感受到科技与司法的完美结合。

1　参见习近平总书记 2014 年 2 月 27 日主持召开中央网络安全和信息化领导小组第一次会议时的重要讲话。

五、高度重视诉讼服务专业队伍建设，为更好地服务群众提供坚实的保证

周强院长指出，坚持司法为民，实现公正司法，关键在队伍。上海法院 12368 平台之所以等够赢得人民的信赖，与建设之初我们就高度重视队伍建设密切相关。随着诉讼服务平台的进一步发展和人民群众司法需求的日益增长，建设一支高素质、专业化的平台队伍更加重要。因此，我们要进一步提升平台工作人员的政治素质、业务素质，确保平台队伍政治过硬、思想过硬、作风过硬、业务过硬；要进一步加强能力水平建设，强化业务培训，尤其要提高广大坐席员的群众工作能力和疑难复杂来电处理能力，实现平台工作人员的职业化、专业化；要建立一支主要由返聘退休法官担任的高素质后台法官队伍，充分发挥其审判经验丰富、善于做群众工作的本领。

附录 1：

在上海法院 12368 诉讼服务平台开通仪式上的讲话

上海市委常委、市委政法委姜平书记

（2014 年 1 月 2 日）

同志们：

今天，上海法院面向全社会统一设立的“12368 诉讼服务平台”正式开通了。在此，我代表市委和市委政法委对服务平台的开通表示热烈祝贺！

近年来，**上海法院紧紧围绕司法为民和公正司法，依托坚实的信息化应用基础，陆续建立了在线诉讼服务平台、远程审判平台、网络庭审直播平台、裁判文书附录法律条文及上网**平台、当事人远程查阅电子诉讼档案服务平台等多项司法便民为民服务举措，取得了良好的社会效果。今年以来，上海高院结合党的群众路线教育实践活动，积极回应人民群众关切，集中开展了解决“立案难”“执行难”等专项整治工作，受到社会广泛欢迎和好评。现在，上海高院又在全国高级法院中率先开通“三级联动、一号对外”的 12368 诉讼服务平台，这是上海法院认真学习贯彻党的十八届三中全会和市委十届五次全会精神的重要举措；是上海法院深入开展党的群众路线教育实践活动，务实抓整改的重要成果；也是上海法院积极践行司法为民宗旨的又一重要平台，将会进一步推动上海法院整体工作再上新台阶。下面，我讲三点意见：

一、要以 12368 诉讼服务平台开通为新的起点，更好地把握司法为民、公正司法的工作主线

司法为民是人民法院工作的根本出发点和落脚点，公正司法是对人民法院工作的本质要求。实现中华民族伟大复兴的中国梦离不开强有力的司法保障，上海要当好全国改革开放排头兵和科学发展先行者，也离不开强有力的司法保障。希望上海法院以 12368 诉讼服务平台的正式开通为新起点，始终坚持司法为民、公正司法，紧紧围绕习近平总书记提出的“努力让人民群众在每一个司法案件中感受到公平正义”这一总目标，充分发挥服务平台的各项功能作用，使之真正成为上海法院密切联系群众的纽带、展示法院为民服务形象的窗口、推动法院公正司法的桥梁。

二、要以 12368 诉讼服务平台开通为新的契机，更好地履行服务保障大局的重要职能

围绕中心、服务大局，维护社会和谐稳定、促进经济社会发展，始终是人民法院的重要职责。希望上海法院紧紧围绕上海“创新驱动，转型发展”、推进中国（上海）自由贸易试验区建设等全局性工作，以 12368 诉讼服务平台的正式开通为新契机，积极开展相关法律问题的调研，稳妥处理相关方面的各项诉讼事务。要通过诉讼服务平台耐心地解疑释惑，充分发挥司法裁判的教育、评价、指引和示范功能，引导人民群众养成办事依法、遇事找法、解决问题用法、化解矛盾靠法的良好习惯，切实履行人民法院服务保障大局的职责使命。

三、要以 12368 诉讼服务平台开通为新的载体，更好地回应人民群众对法院工作的新期待

群众路线是我们党的生命线，不论形势怎么变、条件怎么变、环境怎么变，人民法院的群众立场、群众路线、群众感情都决不能丢。希望上海法院以 12368 诉讼服务平台的正式开通为新载体，不断深化巩固党的群众路线教育实践活动整改落实的成果，在平台的运用、管理中更加自觉地贯彻党的群众路线，想群众所想、急群众所急，以优质高效的工作和服务，努力满足人民群众的新期待。要不断探索和建立灵活多样、行之有效的多元化诉讼服务模式，不断提升诉讼服务的能力和水平，不断提高诉讼服务的效率和质量，更加注重突出服务功能、回应群众关切，为人民群众的诉讼活动提供更多便利和专业服务，让人民群众真切感受到社会公平正义和司法阳光的温暖。

附录 2：

在上海法院 12368 诉讼服务平台开通仪式上的讲话

上海市高级人民法院党组书记、代院长崔亚东

（2014 年 1 月 2 日）

同志们：

今天，上海市高级人民法院在此举行“上海法院 12368 诉讼服务平台”开通仪式，我代表高院党组对大家的到来表示热烈的欢迎和衷心的感谢！

党的十八大对依法治国、建设法治中国作出了重大部署；党的十八届三中全会提出要推进国家治理体系和治理能力现代化；习近平总书记对法治建设作出一系列重要讲话，特别强调要“提高运用法治思维和法治方式深化改革、推动发展、化解矛盾、维护稳定能力”“努力让人民群众在每一个司法案件中感受到公平正义”。这些都对人民法院的工作提出了新的更高的要求。人民法院坚持司法为民、公正司法，积极回应群众关切和期待，维护人民群众合法权益的任务更加艰巨，责任更加重大。

近年来，上海法院受理案件数量呈持续增长态势，2008 年至 2012 年的五年间，上海法院受理案件数年均增长 5.1%；2013 年全市法院受理 48 万余件案件，同比增长 8.3%，审判任务繁重，案多

人少矛盾突出。与此同时，人民群众对司法为民、公正司法的需求日益增长，对司法公开的要求日益迫切，对司法保障权益的诉求日益强烈，但由于法院自身工作能力与水平的不足以及案多人少的困难等原因，法院的诉讼服务工作尚不能满足人民群众日益增长的司法需求，仍然存在如案件查询难、诉讼咨询难、联系法官难等影响群众诉讼的难题，人民群众对此意见比较大。

我们要积极践行司法为民、公正司法，适应全面深化司法体制改革新形势的需要，有效回应人民群众对司法工作的关切、期待和需求，保障当事人的知情权、参与权、表达权、监督权，维护当事人的诉讼权利、兑现当事人的胜诉权益。人民群众最需要的就是我们最应该要做的。上海高院党组以不怕困难、敢于担当的精神，从人民群众最需要、最迫切的地方入手，从人民群众反映最集中、最强烈的问题改起，于 2013 年 8 月决定建立“上海法院 12368 诉讼服务平台”，以回应人民群众对法院工作的关切、期待和需求，破解人民群众反映较为强烈的有关诉讼难题。通过 5 个月的努力，平台于 12 月初投入试运行，今天正式开通。

“上海法院 12368 诉讼服务平台”以司法为民、公正司法，方便、服务群众诉讼，维护、保障合法权益为宗旨，在高院设总平台，下设 22 个分平台，目前配备 57 个坐席，同时能接听 57 路来电的诉讼服务平台。该平台充分运用信息技术，集电话、短信、传真、微信、邮件、APP、网站等于一体，并与各法院诉讼服务中心、执行事务中心实时对接联动。平台目前具有联系法官、案件查询、诉讼咨询、心理疏导、投诉信访、意见建议、社会评价、督察考核八大功能。人民群众通过这一平台，不仅可以联系法官、查询依法可以公开的案件信息、咨询常见的程序性法律问题，还可以信访投诉、对法院工作建言献策、接受资深法官或心理咨询师的心理疏导。人民法院通过这一平台，不仅能及时为人民群众提供高效率的诉讼服务，而且可以及时了解人民群众对司法的需求、对法院工作的评价，接受人民群众的监督，以此来改进法院工作，促进司法为民、公正司法。平台的建立，从一定程度上讲，增加了法院的工作量和工作难度，但我们自我加压，体现了上海法院**“把方便让给群众、把困难留给自己”**的新的工作理念。

“上海法院 12368 诉讼服务平台”的建立，是上海法院积极践行司法为民根本宗旨的具体实践；是上海法院深化司法公开的重大举措；是上海法院推进司法改革的新突破；是新时期人民法院密切联系群众、接受群众监督的重要渠道；是运用信息技术解决诉讼难题的创新，是上海法院群众路线教育实践活动整改的重要成果，体现了人民法院为人民的本质。

同志们，“上海法院 12368 诉讼服务平台”刚刚起步，还存在许多不完善之处，工作中还会遇到许多困难和问题。下一步，我们将按照市委、最高人民法院要求，按照姜平书记的要求，加强领导、完善机制，建设好、运用好“上海法院 12368 诉讼服务平台”，真正把“12368”建设成为上海法院为民服务的平台、联系群众的窗口。并以此为载体，切实转变司法作风，真情服务人民群众，依法维护人民群众的合法权益，努力让人民群众在每一个司法案件中感受到公平正义。

附录 3：

从“互联网 +”到“人工智能 +”：上海法院 12368 诉讼服务平台实现新跨越

——上海市高级人民法院党组书记、院长崔亚东在上海法院 12368 诉讼服务智能平台开通仪式上的讲话

（2017 年 5 月 17 日）

同志们：

今天，**“上海法院 12368 诉讼服务智能平台”**正式开通。虽然只增加了**“智能”**两个字，但它却**标志着“人工智能”在司法实践深度应用的新开端**。上海法院紧跟时代的步伐，将“人工智能”植入 12368 诉讼服务平台，为人民群众提供“全方位、全天候、零距离、无障碍”的诉讼服务。该平台运用语音识别、自然语言理解、语音合成等人工智能新技术，为上海法院全面深化诉讼服务中心建设插上了**“人工智能”的翅膀**。**12368 诉讼服务智能平台的开通，表明上海法院在现代化进程中，已经实现了从“互联网 +”到“人工智能 +”的新突破，标志着上海法院诉讼服务与信息技术的深度融合已经取得了质的飞跃**。

诉讼服务是人民法院工作的重要组成部分。近年来，上海法院坚持司法为民根本宗旨，树立了**“把方便让给群众、把困难留给自己”**和**“让数据多跑路、让群众少跑路”**的工作理念，确定

了“全方位、全天候、零距离、无障碍”“由诉讼服务中心提供庭审以外的全部诉讼和非诉讼服务”的工作目标，着力破解人民群众“问累、诉累、跑累”诉讼难题。我们采取**“互联网 + 诉讼服务”“人工智能 + 诉讼服务”**的方式，建立了网络化、阳光化、智能化司法服务体系，让当事人足不出户就可以参与诉讼活动，打造了具有上海特色的上海法院诉讼服务的“三张名片”。例如，**建立了数字化、智能化的“上海法院诉讼服务中心”**，为当事人提供一站式、综合性、低成本的诉讼服务，基本实现了由诉讼服务中心提供庭审以外的全部诉讼和非诉讼服务，有效减轻了当事人的诉累、问累、跑累。**建立了数字化、智能化的“上海法院 12368 诉讼服务平台”**（2016 年 7 月，上海市高级人民法院荣获中国科学院电子政务理事会评选的“互联网+诉讼服务”先进单位），实现“一号对外、一门式服务”，方便群众诉讼，有效解决了“案件查询难”“诉讼咨询难”“联系法官难”等诉讼难题。自 2014 年 1 月启用以来，累计提供诉讼服务 428 万次，日均服务达到 3000 余次，群众满意率达 99%（2015 年 7 月，该平台荣获中国科学院电子政务理事会颁发的“互联网 + 诉讼服务”专项成果奖）。**建立了数字化、智能化的“上海法院律师服务平台”**，极大地方便了律师执业。自 2015 年 1 月平台正式开通以来，上海从事诉讼业务的 1400 余家律师事务所已全部使用，律师平台访问量合计 70 余万次，日均 1000 余次；通过互联网网上立案 7.69 万件，律师实现了足不出户即可完成立案（2016 年 10 月，该平台被中国科学院电子政务理事会评为“政府网站网上办事类精品栏目”）。

同志们，刚才荣华同志介绍了上海法院 12368 诉讼服务智能平台的建设过程和主要功能。从他的介绍中，我们可以看到上海法院全体干警，特别是立案条线和信息技术部门的同志们，主动运用大数据、“互联网 +”、“人工智能 +”等新的科技成果提升司法服务能力和水平，维护人民群众合法权益的努力与成果。但是，司法为民永无止境，司法便民永远在路上。我们虽然取得了一定成绩，但与时代的发展，与人民群众的需求，与中央、市委、最高法院的要求还有不少差距，还需要进一步提高思想认识、完善服务功能、健全工作机制，提升工作质效。

一是要继续坚持以人民为中心的发展理念，坚持司法为民，建设好诉讼服务中心。深化诉讼服务中心建设是坚持人民主体地位、实现司法便民利民、不断提升司法公信力的必然要求。要继续深入学习贯彻习近平总书记系列重要讲话精神，按照中央、市委和最高人民法院的要求，以创新、协调、绿色、开放、共享的五大发展理念为引领，坚持问题导向、需求导向、目标导向，遵循“面向群众、面向基层、面向实际”的原则，切实解决好群众普遍关心的突出问题，不断满足群众日益增长的多元司法需求。要把创新精神贯穿于诉讼服务中心建设的全过程，努力为群众提供更为便捷高效的诉讼服务，有效解决人民群众反映突出的诉讼难题。要推进诉讼服务与信息技术的深度融合，拓展诉讼服务渠道，完善诉讼服务功能，规范诉讼服务标准，推动诉讼服务中心建设实现新发展，为经济社会发展提供优质高效的司法服务和保障。上个月，高院研究制定了《上海市高级人民法院关于全面深化诉讼服务中心建设的意见》，确立了诉讼服务升级建设的指导思想和总体思路，并详细规定了深化诉讼服务中心建设的具体措施。全市法院要严格按照《意见》的要求，积极贯彻落实，充分挖掘潜力，全面拓展服务，持续推进诉讼服务中心转型升级。

二是要实施大数据战略，通过“互联网 +”“人工智能 +”，实现诉讼服务网络化、阳光化、智能化，全面提升法院工作现代化水平。科技发展飞速，日新月异。随着新一轮科技革命孕育兴起和全球信息化快速发展，**大数据已成为国家重要的基础性战略资源，正引领新一轮科技创新**。运用大数据推动经济发展、完善社会治理、提升政府服务和监管能力，已成为时代潮流。大数据的运用无处不在，其战略地位充分显现。面对大数据时代，如果思想观念还停留在过去，就会跟不上时代、落后于时代。我们要牢固树立“大数据”战略思维，强化大数据战略意识、机遇意识，抢抓机遇，借势而上，不断提高对现代新科技手段的适应性，养成运用大数据分析问题、解决问题、辅助决策的**思维习惯和行动自觉**。要按需求提供精准智能服务，通过运用大数据、“互联网 +”“人工智能 +”等新技术，准确把握经济发展新常态下人民群众司法需求的新变化，不断延伸诉讼服务空间，更好地回应人民群众的关切，做到人民群众的司法需求发展到哪里，人民法院的司法服务就跟进到哪里。要进一步提高诉讼服务数字化、智能化水平。**推动大数据战略、“互联网 +”行动、“人工智能 +”行动与法院诉讼服务的深度融合**，促进诉讼服务转型升级，创新诉讼服务方式，大力推行网上立案、网上阅卷、网上查询、网上拍卖、网上调解等智能服务，构建线上线下打通、内网外网互动的立体式诉讼服务模式，打造网络化、阳光化、数字化、智能化的诉讼服务体系，为诉讼参与人提供一体化、全方位、高科技、高效率的诉讼服务。

三是要高效联动、严格管理，进一步巩固诉讼服务长效机制。习近平总书记 2014 年 3 月在视察兰考县焦裕禄民心热线时指出：“要通过建立长效机制，提高办事效率。为民服务不能一阵风，虎头蛇尾，不能搞形式主义。”上海法院 12368 诉讼服务平台是全国法院**第一个综合性诉讼服务平台**。开通 3 年多来，取得了很好的成效，深受人民群众欢迎，得到了社会各界和各级领导的充分肯定。现在又提升为智能服务平台，人民群众对我们的要求和期待会更高。**凡事开头容易持久难**。“认真总结，不断完善，长期坚持，越做越好”是周强院长对上海法院 12368 诉讼服务平台的要求。我们必须建立长效机制，越做越好，让这张名片长久明亮。我们要继续坚持全市法院统一规划、分级实施；部门分工负责，各司其职；线上线下无缝对接、高效联动。特别是各院各部门的一把手，要切实承担起第一责任，对照新的要求、新的规定，认真查找工作不足，制定落实措施，积极整改。要在完善制度、机制建设上下工夫，在强化宗旨意识、服务意识、责任意识、转变作风上下工夫，使 12368 诉讼服务平台成为司法便民的“连心线”，法官办案的“小助手”、审判管理的“小秘书”。

同志们，诉讼服务是人民法院的重要职责，诉讼服务中心是新时期人民法院服务社会、服务群众的平台和窗口。我们要以“上海法院 12368 诉讼服务智能平台”开通为新的起点，把上海法院诉讼服务中心、诉讼服务平台提升到一个新的水平，方便群众诉讼、展示司法文明、彰显法治精神、促进司法公正，为人民群众提供全方位、系统性、综合性的诉讼服务，有效解决人民群众的诉讼难题，努力让人民群众在每一个司法案件中感受到公平正义！

附录4：

在上海法院律师服务平台向全国律师开放仪式上的讲话

上海市高级人民法院党组书记、院长崔亚东

（2017年8月2日）

尊敬的姜伟副院长，各位来宾、同志们：

今天，我们在这里举行**“上海法院律师服务平台向全国律师开放仪式”**，最高人民法院副院长姜伟出席，最高人民法院信息中心、市司法局负责同志和来自全国律协、市律协、江苏、浙江、安徽等12省市律协负责同志参加今天的仪式。在此，我代表上海市高级人民法院向大家表示热烈的欢迎和衷心的感谢！

诉讼服务是人民法院司法过程的重要一环，做好诉讼服务工作是人民法院职责所在。近年来，上海法院坚持司法为民根本宗旨，坚持以人民呼声为第一信号，坚持**“把方便让给群众、把困难留给自己”**和**“让数据多跑路、让群众少跑路”**的工作理念，实施**“大数据”战略和“互联网+”“人工智能+”行动**，把现代科学技术应用与司法为民、诉讼服务紧密结合起来，建立利民便民工作机制和多元化诉讼服务平台，推进“阳光司法、透明法院”建设，为群众提供优质高效的诉讼服务。

一、建立网络化、阳光化、智能化诉讼服务体系，方便群众诉讼，破解群众“问累、诉累、跑累”

上海法院积极探索，打造了具有上海特色的上海法院诉讼服务体系，形成了诉讼服务中心、12368 诉讼服务平台、律师服务平台三张亮丽的“名片”。今年 7 月 18 日，上海高院被中国中国科学院电子政务理事会评为“2016 年智慧法院建设先进单位”。

一是数字化、智能化的“上海法院诉讼服务中心”。我们采取互联网 + 人工智能 + 诉讼服务中心的方式，推广自助立案等智能化创新服务模式，形成了具有登记立案、导诉分流、法律援助等 20 余个服务窗口和网上立案、网上查询、网上拍卖、网上调解等 30 余项智能服务为一体的诉讼服务体系，为当事人提供“一站式、全方位、零距离、无障碍”的诉讼服务，基本实现了由诉讼服务中心提供庭审以外的全部诉讼和非诉讼服务。

二是数字化、智能化的“上海法院 12368 诉讼服务平台”。2013 年 12 月，我们采取互联网 +12368+ 诉讼服务的方式，在全国建立了第一个“12368 综合诉讼服务平台”，该平台具备联系法官、查询案件、法律咨询等 18 项功能，实现“一号对外、一门式服务”，方便群众诉讼。自启用以来，累计提供诉讼服务 476 万次，日均服务达到 3600 余次，群众满意率达 99%。2015 年 7 月，该平台获得中国科学院电子政务理事会颁发的“互联网 + 诉讼服务”专项成果奖。今年 5 月 17 日，我们又将“人工智能 +”植入平台，开通了“上海法院 12368 诉讼服务智能平台”，运用语音识别、语音合成和自然语言理解等人工智能技术，新增诉讼程序咨询、法院信息查询、案件信息查询等 5 项智能诉讼服务功能，全天候（24 小时）为群众提供服务，实现了诉讼服务的“全方位、全天候、零距离、无障碍”，标志着上海法院诉讼服务实现了从互联网 + 到人工智能 + 的新跨越。（截至 7 月 23 日，共提供智能服务 1.6 万余次，日均 240 余次，从开通的千问千答到现在的万问万答。）

三是数字化、智能化的“上海法院律师服务平台”。2014 年 11 月，我们采取“互联网 +”律师服务的方式，为律师量身打造了全国第一个“律师服务平台”。该平台具有网上立案、网上办理、网上申请再审以及庭审排期智能避让、关联案件智能推送等 5 大类 26 项功能。平台开通以来，上海从事诉讼业务的 1483 家律师事务所已全部使用，累计使用 247.53 万人次，日均 2600 多人次。其中，关联案件智能推送 48.83 万件，案件智能查询 46.95 万次，庭审排期智能避让 5122 次，通过互联网网上立案 9.77 万件，实现了律师足不出户即可完成网上立案，极大地方便了律师执业，深受律师欢迎。2016 年 10 月，该平台被中国科学院电子政务理事会评为“政府网站网上办事类精品栏目”。

二、上海法院律师服务平台向全国律师开放，实现跨域诉讼服务，破解“异地诉讼难”

为认真贯彻最高人民法院关于跨域立案诉讼服务的决定，积极推进跨域诉讼服务，上海高院决定将上海法院律师服务平台“向全国律师开放”，进一步方便上海区域外律师执业，保障律师权益。这一举措，很有必要，很有意义。

一是展现了人民法院坚持以人民为中心的发展思想、锲而不舍推进司法体制改革的信心决心。跨域诉讼服务是人民法院坚持司法为民、深化司法改革、创新诉讼服务的一项重大措施。立案登记制改革给当事人诉讼带来了方便，但由于我国地域辽阔，许多基层群众异地立案仍然存在较多困难。上海法院律师服务平台向全国律师开放，是推行和实现“跨域诉讼服务”的重要改革举措，体现了人民法院以人民为中心的发展理念和将改革进行到底的精神，走出了一条跨地域、跨法院、跨层级的诉讼服务新路子，让群众打异地官司少跑腿、少辛苦、少受累。

二是体现了人民法院在构建法官与律师新型关系、共同促进社会主义法治文明进步上的不懈努力。律师既是诉讼的主要参与者，也是诉讼服务的主要对象。近年来，上海法院始终把依法保障律师执业权利、方便律师诉讼摆在重要位置。上海高院出台了《关于依法保障律师执业权利的意见》规范性文件，建立“绿色通道”，与市律协共同签订了《关于依法履行职责、保障司法权益共同维护司法权威的倡议书》，建立了联席会议机制，每年通过定期走访、座谈交流等形式，积极主动推进法官和律师之间彼此尊重、平等相待，相互支持、相互监督，正当交往、良性互动的新型关系建立，为律师依法履职创造良好环境。今天，上海法院律师服务平台正式向全国律师开放，是上海法院构建法官与律师之间新型关系的新起点，对于保障律师执业权利、方便律师诉讼具有重要意义。

三是彰显了人民法院坚持司法为民、公正司法，提升司法公信力，增强群众获得感的价值追求。司法为民、公正司法是人民法院的工作主线。向全国律师开放上海法院律师服务平台，不仅方便律师执业，而且对于提升办案质量效率、改进司法作风起到监督、倒逼作用。上海法院将以此为新的契机，深化“阳光司法、透明法院”建设，不断提高司法能力、司法质量、司法效率和司法公信力，让人民群众有更多获得感。

四是人民法院运用大数据、人工智能在诉讼服务领域深度应用的具体实践。孟建柱书记在全国司法体制改革推进会上强调，“要主动拥抱新一轮科技革命，努力创造更高水平的社会主义司法文明”。大数据、人工智能新时代为法院工作发展提供了历史性机遇。我们始终坚持科技引领，在原有上海法院律师服务平台的基础上，运用大数据、人工智能等新技术，构建线上线下打通、内网外网互动的立体式诉讼模式，为律师提供一体化、全方位、高效率的诉讼服务。

三、加强组织领导，建设好、运用好律师服务平台，不断提高服务的能力和水平

上海法院律师服务平台向全国律师开放，是上海法院践行司法为民、公正司法的重要举措，标志着上海法院司法为民工作又迈上了一个新台阶。但从法院的角度来说，在一定程度上增加了法院自身的工作量，这对上海法院提出了新的更高要求。全市法院要按照认真贯彻最高人民法院的要求，进一步建设好、运用好律师服务平台，为全国律师提供更加高效、方便、快捷的诉讼服务。

一是要提高思想认识，加强对诉讼服务平台的管理。要充分认识上海法院律师服务平台向全国律师开放的重要意义，进一步坚持司法为民的宗旨意识，坚持以人民为中心的发展思想，强化“把方便让给群众、把困难留给自己”的理念，加强律师服务平台的科学管理，推进服务水平不断提升，真正把律师诉讼服务平台建设为方便律师诉讼、展示上海法院诉讼服务质量和改革成果的窗口，更加有效地维护律师依法执业。

二是要坚持问题导向、需求导向，不断完善优化诉讼服务平台功能。高度关注广大律师和人民群众的实际需求，认真听取律师对平台的意见建议，及时解决平台运行过程中的问题，不断完善优化平台的服务功能，提高平台运行效果，更加方便律师执业。

三是要坚持改革创新、完善工作机制，不断提升诉讼服务平台质效。进一步整合现有的诉讼服务资源，构建多渠道、“一站式”、综合性律师服务平台，建立灵活多样、行之有效的多元化诉讼服务模式，提供更多精细化、个性化的司法服务。

同志们，今天，上海法院律师服务平台向全国律师开放并启用，标志着上海法院诉讼服务在更宽领域、更高层次、更高水平上实现新的跨越。在这里，我还要提请各位律师在使用过程中多给予理解支持，多提意见和建议，共同把上海法院律师服务平台建设好、应用好。我们将以此为新起点，按照中央、市委和最高人民法院提出的工作要求，以改革创新为动力，不断强化大数据、人工智能在司法领域的深度应用，不断满足人民群众日益增长的多元司法需求，努力让人民群众在每一个司法案件中感受到公平正义，以优异的成绩迎接党的十九大胜利召开！

后 记

改革是强国之路，富民之路。

中国的全面深化改革，注定是一场史无前例的伟大实践和深刻变革。

恰逢中国共产党第十九次全国代表大会召开之际，《上海法院司法体制改革系列丛书》正式付梓。这套丛书充分展示和反映了上海法院作为全国第一个开展司法体制改革试点的探索与实践，既是对党的十八大以来上海法院司法体制改革的总结，也是以此向党的十九大胜利召开献礼。

新的时代，书写新的篇章。党的十九大在全面总结党的十八大以来全面深化改革、全面依法治国的基础上，对司法体制改革作出了新的重大战略部署，提出“深化司法体制综合配套改革，全面落实司法责任制，努力让人民群众在每一个司法案件中感受到公平正义”的要求。习近平总书记强调：“过去几年来改革已经大有作为，新征程上改革仍大有可为。各地区各部门学习贯彻党的十九大精神，要注意把握蕴含其中的改革精神、改革部署、改革要求，接力探索，接续奋斗，坚定不移将改革推向前进。”[1] 2017年8月29日，中央深改组第38次会议审议通过了《关于上海市开展司法体制综合配套改革试点的框架意见》。在新征程上，上海被中央确定为司法体制综合配套改革试点地区，再次承担起为全国司法体制改革先行先试、接力探索、接续奋斗的历史重任。因此，丛书的出版恰当其时，既是一份献礼，又是承前启后，通过固化经验、升华理念、指导实践，坚定将改革进行到底的信心和决心，为开展司法体制综合配套改革奠定了坚实的基础，提供了借鉴与遵循。

丛书凝聚了上海三级法院法官的智慧，汇集了上海三级法院的改革实践经验；多次修改、数易其稿，倾注了编委与作者的大量心血。上海市高级人民法院党组副书记、副院长盛勇强；时任上海市高级人民法院副院长邹碧华、虞政平、顾伟强、吴偕林、郭伟清、茆荣华；上海市高级人民法院立案庭庭长吴金水、麦玨、张铮，副庭长王伟，上海法院12368平台管理办公室副主任曹云霞以及杨俊等七名后台法官；上海市虹口区人民法院12368分平台张练；上海市浦东新区人民法院12368分平台边宇海；上海法院12368平台郑峰、陈钟、沈怡婕、夏暮奇、刘金晶等数十名坐席员，为平台的运行管理和本书的资料收集，无私奉献，做了大量工作。上海市高级

1　参见习近平总书记2017年11月20日在十九届中央全面深化改革领导小组第一次会议上的重要讲话。

人民法院立案庭副庭长兼 12368 平台管理办公室主任罗健豪撰写了本书初稿；上海市高级人民法院研究室陈树森博士为本书第一章、第二章第一部分等内容的修改投入了大量的时间、精力；全书由我及副主编修改、统稿、定稿。

丛书从组稿到编纂，得到了中央、市委、最高人民法院各级领导的亲切关怀和大力支持。时任中央政治局委员、中央政法委书记孟建柱同志欣然为丛书作序，对上海的司法体制改革及丛书给予了高度评价和充分肯定，并提出了殷切的期望。最高人民法院院长周强同志非常关心系列丛书的出版，并提出具体要求。

丛书的出版得到了社会各界许多专业人士的支持和帮助。非常感谢北京高高国际文化传媒有限责任公司的孙莉女士、杨菲女士、赵春学博士和法律出版社的冯雨春女士和邢艳萍女士为丛书付出的辛劳；仇银根、孟招祥等为丛书提供了珍贵的照片。在此致以真诚的感谢！并以此书献给为上海法院司法体制改革的探索与实践作出贡献的人们！

崔亚东

上海市高级人民法院党组书记、院长

2017 年 10 月 25 日

图书在版编目(CIP)数据

12368:诉讼服务平台建设的上海样本/崔亚东主编. -- 北京:法律出版社, 2019
(上海法院司法体制改革系列丛书)
ISBN 978-7-5197-2878-6

Ⅰ. ①1… Ⅱ. ①崔… Ⅲ. ①法院-诉讼-服务部门-建设-上海 Ⅳ. ①D926.2

中国版本图书馆 CIP 数据核字(2018)第 255298 号

12368
——诉讼服务平台建设的上海样本
12368
—SUSONG FUWU PINGTAI JIANSHE DE SHANGHAI YANGBEN

崔亚东 主编

策划编辑 邢艳萍
责任编辑 邢艳萍
装帧设计 高高国际

出版 法律出版社
总发行 中国法律图书有限公司
经销 新华书店
印刷 中煤(北京)印务有限公司
责任校对 晁明慧
责任印制 吕亚莉

编辑统筹 法律应用出版分社
开本 720 毫米×960 毫米 1/16
印张 17.75
字数 308 千
版本 2019 年 2 月第 1 版
印次 2019 年 2 月第 1 次印刷

法律出版社/北京市丰台区莲花池西里 7 号(100073)
网址/www.lawpress.com.cn
投稿邮箱/info@lawpress.com.cn
举报维权邮箱/jbwq@lawpress.com.cn
销售热线/010-83938336
咨询电话/010-63939796

中国法律图书有限公司/北京市丰台区莲花池西里 7 号(100073)
全国各地中法图分、子公司销售电话:
统一销售客服/400-660-6393
第一法律书店/010-83938334/8335 西安分公司/029-85330678 重庆分公司/023-67453036
上海分公司/021-62071639/1636 深圳分公司/0755-83072995

书号:ISBN 978-7-5197-2878-6
定价:69.00 元